电子信息类
科研工具与技巧

黄正宇　戚　楠　编著

清华大学出版社
北京

内容简介

本书探讨了科研工作的意义及特点,介绍了科研素材的获取和管理、使用与成果撰写、科研成果分享与交流的基本要点。其中,科研素材的获取和管理部分聚焦文献的获取时机、获取方式、文献属性和要素、文献分类与管理,引用与查重等,为读者提供系统的文献检索与管理技能;科研素材的使用与成果撰写部分着眼于科研论文的基本格式和要点,总结了Word、LaTeX、Visio、MATLAB、Python等工具的使用技巧;科研成果的分享与交流包括学术会议基本常识、PPT制作、演讲汇报技巧及慕课视频录制等,为读者提供全方位学术分享指南。

本书内容可操作性强,包含丰富的网站链接、操作流图、示例代码、二维码扩展资料和短视频等。通过具体案例引导读者逐步掌握常用科研工具与技巧,提升科研素养和能力。本书不仅可作为电子信息类专业学生的科研入门教材,也可供其他专业学生和相关领域科研人员参考。

版权所有,侵权必究。举报: 010-62782989,beiqinquan@tup.tsinghua.edu.cn。

图书在版编目(CIP)数据

电子信息类科研工具与技巧 / 黄正宇,戚楠编著.
北京:清华大学出版社,2024.8. -- ISBN 978-7-302-66966-1
Ⅰ. G203; TP311.561
中国国家版本馆CIP数据核字第2024F0F688号

责任编辑:文　怡
封面设计:王昭红
责任校对:郝美丽
责任印制:宋　林

出版发行:清华大学出版社
网　　址:https://www.tup.com.cn, https://www.wqxuetang.com
地　　址:北京清华大学学研大厦A座　邮　编:100084
社　总　机:010-83470000　邮　购:010-62786544
投稿与读者服务:010-62776969, c-service@tup.tsinghua.edu.cn
质 量 反 馈:010-62772015, zhiliang@tup.tsinghua.edu.cn
课 件 下 载:https://www.tup.com.cn, 010-83470236

印 装 者:三河市铭诚印务有限公司
经　　销:全国新华书店
开　　本:170mm×240mm　印　张:14　字　数:243千字
版　　次:2024年8月第1版　　印　次:2024年8月第1次印刷
印　　数:1~1500
定　　价:49.00元

产品编号:095817-01

前言 PREFACE

亲爱的读者：

欢迎来到科研的精彩世界！在这个信息爆炸的时代，科研就像一场奇妙的冒险，而本书就是你的导航仪，为你开启一段充满发现和挑战的科研之旅。本书的初衷是帮助你系统地理解科研工作的全过程，提供全面而实用的科研指南，从而更好地应对其中的各种挑战。

无论你是即将踏上科研征程，还是想要升级科研技能，本书都将成为你的得力助手。本书的目标是帮你轻松掌握科研的精髓，从而更有效地应对各种科研考验。在本书中，你将找到关于文献获取和阅读、科研论文等成果的撰写与常用工具的使用技巧，以及如何进行学术交流和分享等内容。每一章都经过精心设计，力求使内容清晰易懂，使本书的阅读者对其中的技能灵活掌握。

第1章"绪论"将和你一起深入了解科研工作的奥妙和意义，为你打开科研的认知之窗。第2章"科研素材的获取和管理"将教你轻松获取文献、管理科研素材，应对引用和查重等挑战，助你成为素材管理高手。第3章"科研素材的使用和成果撰写"将带你走进科研论文的奇妙世界，教你掌握Word、LaTeX、Visio、MATLAB、Python等工具的常用技巧，助你在创作科研成果时游刃有余。第4章"科研交流与分享"将助你成为科研领域的交流专家，从学术会议到PPT制作，再到演讲汇报技巧和慕课视频录制等，内容十分丰富。

在本书写作过程中，衷心感谢一路同行、共同努力的老师和同学们，他们是张方正老师、施永荣老师、闫成刚老师、薛敏老师、董培浩老师、耿哲老师，硕士生姜丰、王舒琪，以及在本团队开展本科科研创新训练计划的赵晓航、程颖、田雅、柳畅、王璐玮、廉澎等同学。大家在各自忙碌的工作和学业中抽出时间参与讨论并提出宝贵建议，为本书增添了丰富的思想火花。

最后，感谢所有热爱科研、努力奋斗的同学们，希望本书能像一位陪伴你们成长的朋友，成为你们科研路上的得力助手，为学术生涯注入新的活力。希望在阅读本书过程中，大家能够发现更多的乐趣和实用的科研技巧。让我们一起踏上这场充满探索和惊喜的科研之旅吧！

由于编者学识有限，书中难免存在疏漏和不足之处，敬请读者批评指正。

编 者
2024 年 5 月于南京

目 录

第 1 章 绪论 ··· 1
1.1 科研素材的获取和管理 ··· 1
1.2 科研素材的使用和成果撰写 ·· 2
1.3 科研成果的分享和交流 ··· 2
1.4 必要性和特点 ·· 3

第 2 章 科研素材的获取和管理 ·· 4
2.1 文献获取和阅读 ··· 4
2.1.1 文献获取时机 ·· 4
2.1.2 文献获取方式 ·· 5
2.1.3 文献属性 ·· 23
2.1.4 文献要素和阅读 ·· 27
2.2 文献管理和使用 ·· 30
2.2.1 文献分类和管理 ·· 31
2.2.2 文献引用和查重 ·· 35

第 3 章 科研素材的使用和成果撰写 ·· 39
3.1 科研论文基本格式和要点 ·· 39
3.1.1 大论文 ··· 39
3.1.2 中文期刊小论文 ·· 47
3.1.3 英文期刊小论文 ·· 48
3.2 Word 的使用技巧 ·· 50
3.2.1 字体和段落 ·· 50

3.2.2 文档结构图 · 51
3.2.3 交叉引用 · 52
3.2.4 分节符和页码 · 54
3.2.5 目录生成 · 59
3.2.6 文档格式转换 · 61

3.3 LaTeX 的使用技巧 · 63
3.3.1 TeXstudio 的下载和安装 · 63
3.3.2 LaTeX 使用方法 · 64
3.3.3 LaTeX 常用模板 · 66
3.3.4 LaTeX 实战演练 · 68
3.3.5 LaTeX 制作 Beamer · 80
3.3.6 LaTeX 中 MATLAB 图片保存 · 87
3.3.7 LaTeX 编译常见问题 · 88

3.4 Visio 的使用技巧 · 89
3.4.1 Visio 的下载 · 89
3.4.2 Visio 的基本介绍 · 89
3.4.3 Visio 的基本操作 · 93
3.4.4 Visio 的常用操作 · 96
3.4.5 实例介绍 · 103

3.5 MATLAB 的使用技巧 · 108
3.5.1 MATLAB 的基本操作和实例 · 111
3.5.2 MATLAB 的常见应用 · 123

3.6 Python 的使用技巧 · 131
3.6.1 Python 的安装和使用 · 132
3.6.2 PyCharm 的安装和使用 · 135
3.6.3 常用代码 · 140
3.6.4 基本算例 · 142
3.6.5 机器学习 · 148

3.7 公式编辑 · 157

3.7.1　MathType ···································· 157

　　3.7.2　AxMath ····································· 160

　　3.7.3　公式截图转换软件 ······························ 162

3.8　问卷调查 ·· 164

　　3.8.1　问卷星 ······································ 164

　　3.8.2　问卷星实例 ·································· 166

第 4 章　科研交流与分享 ································ 169

4.1　学术会议基本常识 ··································· 169

　　4.1.1　学术会议种类 ································· 169

　　4.1.2　会议注意事项 ································· 171

　　4.1.3　会议交流名片（名片制作）······················· 174

　　4.1.4　英语自我介绍和开场 ···························· 174

4.2　PPT 制作 ··· 175

　　4.2.1　PPT 基本页面介绍 ····························· 176

　　4.2.2　PPT 制作基本方案 ····························· 176

　　4.2.3　PPT 制作基本操作 ····························· 177

　　4.2.4　PPT 制作技巧 ································ 182

4.3　演讲汇报技巧 ······································ 183

　　4.3.1　快捷键 ······································· 183

　　4.3.2　激光笔的使用 ································· 184

　　4.3.3　演示者模式 ··································· 185

　　4.3.4　打印 PPT ···································· 185

　　4.3.5　慕课视频录制 ································· 186

　　4.3.6　二维码制作分享 ······························· 187

参考文献 ··· 190

附录 A　LaTeX 常用宏包简介 ··························· 193

附录 B　PPT 常用快捷键 ······························· 198

附录 C　Visio 基本操作 ·· 200
附录 D　MathType 常用快捷键 ································· 211
附录 E　网站访问链接 ·· 213

第1章

绪　论

　　21世纪是高科技和高级人才竞争的年代，科学素养对大学生来说至关重要。大学生应遵循"科技发展是第一生产力"的规律，借鉴科学思维方式，努力汲取科学知识，强化自身专业的同时，坚持提高科学素养。科学素养除了包含对一般基础科学知识的理解之外，还包括科学的方法与态度，以及其对科技影响社会的理解。培养大学生的科学素养不应只是堆砌大量的理论知识，而应培养学生的理性思维习惯。理性的思维习惯可以从系统性的科研训练中培养获得。

　　针对电子信息类学科科学研究工作，梳理其基本科研过程，可将其划分为科研素材的获取和管理、科研素材的使用和成果撰写、科研成果的分享和交流三个训练环节。

1.1　科研素材的获取和管理

　　俗话说，"巧妇难为无米之炊"，科研素材的获取是整个科研工作的源头。常见的科研素材包括论文、专利、科普资料、音视频和问卷数据等。其中，论文是最主要的科研素材。可以说，检索和阅读文献是科研活动中获取信息的主要方式。学会通过主题、作者、关键词等不同方式检索文献是进行科研活动必须掌握的基本技能。此外，科研人员还需要学会阅读和管理文献。通常地，科研工作者可以通过期刊权威度等快速获取高质量文献，并通过精读和细读相结合阅读文献，提高信息获取质量和效果，及时掌握自己所处领域的前沿发展动态。对于下载的文献，要学会使用科研数据库管理软件对其进行分类管理，以便日后进行快速查询、阅读和引用。

1.2　科研素材的使用和成果撰写

正所谓"磨刀不误砍柴工"，科研素材获取之后，掌握常用的科研工具，可使接下来的科研工作事半功倍。MATLAB 和 Python 等编程工具是对科研素材进行"加工"的必备"神器"。这些工具可对数据进行处理、分析与可视化，对理论和算法进行模拟与运行等。科研素材使用后得到的研究成果需进行凝练和总结，通常以论文或专利等形式呈现。撰写成果的常用工具，如 Word 和 LaTeX 等，需熟练掌握。Word 操作简单，但对大型文档的排版灵活度不如 LaTeX。相比而言，LaTeX 可让科研工作者更加注重内容。但无论如何，熟练掌握二者的常用技巧，对于科研新手来说都是一项必备技能。论文中的图、表、公式和引用是论文的关键要素，需要熟练掌握它们的制作和使用技巧。例如，插图需浅显易懂，达到可以"秒懂创新点"的效果，因此需要精心设计和制作。插图可以采用 Visio、Origin 和 MATLAB 等绘制。表格通过采用三线表格制作，体现核心成果的总结与对比分析。公式可以采用公式编辑器 MathType 和 Mathpix 等编辑，方便进行引用等。

1.3　科研成果的分享和交流

常言道，"独乐乐不如众乐乐"，科研成果完成后，分享与交流会使科学信息、思想、观点得到沟通和融洽，对思维创新起到激励和启迪作用。一般来说，学术分享与交流可采用座谈、讨论、演讲、展示、实验、发表成果等方式进行。学术交流承载了知识流动、知识扩散和知识评价等重要功能，充分的科学交流不但意味着科学知识的高效利用，而且意味着高效的科学知识再生产。学术会议是学术交流的重要形式。与会者可以发表不同观点、碰撞新思想、探讨不同学科领域的相互渗透与融合，获得创新火花，促进学科发展。学术会议一般将 PPT、海报和会议论文作为重要分享载体。PPT 一般通过文字、图形、色彩以及动画方式呈现学术成果。良好的 PPT 效果会充分调动受众者的视觉体验，令人印象深刻，因此，也是科研工作者应该掌握的基础技能。

1.4 必要性和特点

随着硕、博研究生规模的扩大，本科生接触科研的需求也与日俱增。本书针对本科生"希望从事科研，但又不知道如何下手"的特点，遵循科研活动"三部曲"规律，以各类"落地"式科研小技巧学习为载体，从点到面揭开科研活动的神秘面纱，降低科研工作门槛，激发学生对科研工作的兴趣，助力科研新手的学习和成长。

本书实用性强，内容基本都来源于优秀科研工作者长期的经验，读者可通过本书快速查阅和操作相关工具及技巧。学习本书后，将达到立竿见影的效果。此外，本书适用范围广，大部分内容都配有样例和图注，且经验总结也来源于科研新手的常见问题，对本科新手帮助甚大，对于硕、博研究生也可以进一步提升其基本技能和素养。

第2章 科研素材的获取和管理

涉入新的科研领域时,获取科研素材是第一要务。常见的科研素材包括文献和专利等。本章主要以文献为例介绍科研素材的获取与管理。

2.1 文献获取和阅读

科研新手经常遇到四个问题:什么时候需要阅读文献?怎样获取所需文献?怎样鉴定一篇文献的优劣?怎样抓住一篇文献的核心?本节将详细介绍文献的获取与阅读方法。

2.1.1 文献获取时机

开展科研过程中,一般在以下四个时期需广泛获取和阅读文献(图2-1):

(1)领域初探期:通过检索文献,能对新领域产生整体上的认识,快速了解新领域的研究方向和现状。

(2)课题申报期:进行实质性课题申报时,需要查阅大量文献,一方面为课题申报书提供研究现状素材,另一方面为凝练关键科学问题和解决思路提供帮助。

(3)研究瓶颈期:陷入研究瓶颈时,需要深入查阅相关文献、精细阅读和比较,凝练并提出新的解决思路。

（4）论文撰写期：发表小论文期间，需再次检索和阅读文献，甚至进行"模仿性"学习。一方面从文献中获得引言、实验和算例等部分素材；另一方面将文献作为写作模板，可学习论文写作风格。

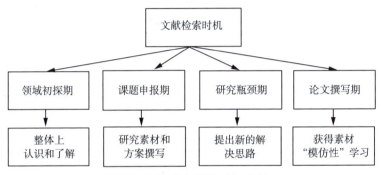

图 2-1　检索文献的时机选择

2.1.2　文献获取方式

一般可以通过查询文献数据库、搜索专业期刊网站、登录研究团队和研究者个人主页、参加学术会议及研讨会并浏览论文集、登录学术圈网站、订阅学术期刊或出版商推送的电子邮件等方式获取文献。

2.1.2.1　文献数据库

文献数据库是检索获得文献的最直接途径。通过文献数据库检索文献，可直接获得与研究内容相关的、得到广泛认可的有影响力的论文。

针对电子信息类专业，常用的国内数据库有中国知网、万方和超星等，相关链接见表 2-1，相关界面如图 2-2～图 2-4 所示，常用国外数据库见表 2-2。

表 2-1　常用国内数据库总览

名　　称	网　　址
中国知网	http://www.cnki.net
万方	http://www.wanfangdata.com.cn
超星	https://qikan.chaoxing.com

表 2-2　常用国外数据库总览

名称	简　介
IEEE	包含 IEEE 出版的期刊及杂志论文、会议文件和相关技术标准
Wiley	经同行评审的在线多学科资源平台，覆盖生命科学、健康科学、自然科学、社会与人文科学等学科领域
IET	IET 电子书是英国工程技术学会出版的电子书数据库。IET 期刊是权威国际学术期刊，涵盖电气、电子、计算机、控制等学科的原创和评论文章
Google	免费搜索工具，帮助查找包括期刊论文、学位论文、书籍、预印本、文摘和技术报告在内的学术文献
ProQuest	包含超过 1000 所北美和欧洲高校的毕业论文
arXiv	防止自己的创意在论文被收录前被别人剽窃，可证明论文原创性的文档收录网站

图 2-2　中国知网

图 2-3　万方

图 2-4　超星

1. 国内数据库

1）中国知网

下面以检索词"天线阵列"为例,对中国知网的使用进行介绍。首先,打开中国知网首页,如图 2-5 所示,在检索栏中输入关键词"天线阵列",勾选要搜索的文献类型,如学术期刊、硕博论文等。按回车键后得到如图 2-6 所示的检索结果。

图 2-5　检索页面

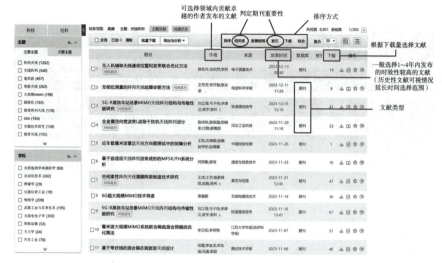

图 2-6　检索结果

检索结果包括"题名"、"作者"、"来源"、"发表时间"、"数据库"、"被引"和"下载"等信息。针对检索结果,可以按照"相关度"、"发表时间"、"被引"和"下载"进行排序和筛选。一般可重点关注领域内知名学者发表的文献、近几年的新文献、经典文献、下载量和引用次数较高的文献等。中国知网可在很大程度上满足对中文文献的检索需求。输入英文关键词也可以搜索到一部分英文文献,但不常用,一般直接用英文数据库检索会更详细。此外,值得注意的是,未注册的普通知网账户下载需付费,且费用相对较高,可以通过国内第三方平台购买临时账户方式下载,费用相对较低。一般来说,在校大学生可通过学校电子图书馆登录和免费下载。

2)中国万方

中国万方类似中国知网,基本检索规则类似。万方、知网均提供简单检索、高级检索、专业检索等多种检索方式。除期刊外的硕士和博士论文、年鉴、词典、报纸等也对用户有较大吸引力。万方大量收录科技部论文统计源的各类核心期刊,适用于理工科类院校。无论是中国知网还是万方,都可以联合文献管理软件进行文献的下载与管理,如图2-7所示,可根据使用的文献管理软件选择文献导出格式,包括NoteExpress、RefWorks、NoteFirst、EndNote、Bibtex、自定义格式等。图2-8为采用NoteExpress导出格式的万方下载案例。

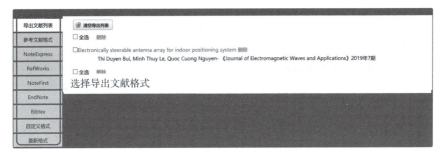

图 2-7　万方检索后文献导出格式

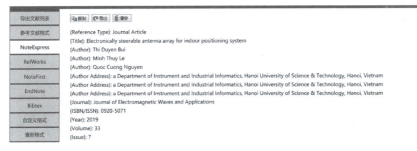

图 2-8　万方下载后导出 NoteExpress 格式案例

2. 国外数据库

国外数据库分别以 IEEE Xplore 和 Web of Science 为例进行介绍。

1）IEEE Xplore

IEEE Xplore 是一个学术文献数据库，主要提供计算机科学、电机工程学和电子学等相关领域文献的索引、摘要及全文下载服务。它基本覆盖了电气电子工程师学会（IEEE）和工程技术学会（IET）的文献资料，收录了超过 200 万篇文献。下面介绍 IEEE Xplore 数据库检索的基本方法和技巧。以关键词 antenna（天线）检索为例进行介绍。

首先，登录 IEEE Xplore 官网。需输入机构登录用户名和密码或个人邮箱和密码。与中国知网登录方式一致，学生可通过大学电子图书馆进入数据库检索。以南京航空航天大学图书馆为例，用户可以输入学工号和密码登录学校智慧门户网站（图 2-9），然后选择图书馆电子资源，单击进入后选择外文数据库，找到 IEEE，即可进入检索页面（图 2-10）。

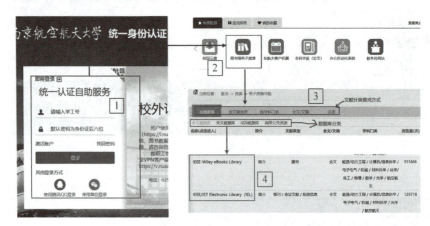

图 2-9　南京航空航天大学智慧门户登录

图 2-10　IEEE Xplore 检索页面

在检索栏键入关键词，例如 "antenna"，单击搜索按钮后可以得到如图 2-11 所示的检索结果。选择要下载的文献，单击 PDF 图标即可预览和下载文献。图 2-12 为下载的题名为 "Compact Broadband Crescent Moon-Shape Patch-Pair Antenna" 的文献。

第2章　科研素材的获取和管理　　11

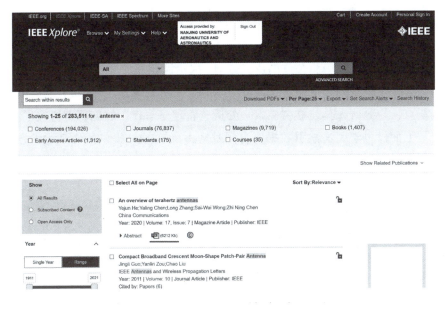

图 2-11　IEEE Xplore 检索结果页面

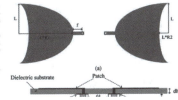

图 2-12　下载文献

2）Web of Science

Web of Science 是大型综合性、多学科、核心期刊引文索引数据库，包括三大引文数据库，即科学引文索引（Science Citation Index，SCI）、社会科学引文索引（Social Sciences Citation Index，SSCI）和艺术与人文科学引文索引（Arts & Humanities Citation Index，A&HCI），以及两个化学信息事实型数据库，化学反应（Current Chemical Reactions，CCR）数据库和化合物索引（Index Chemicus，IC）数据库。其强大的分析功能，能够在快速锁定高影响力论文、发现国内外同行权威所关注的研究方向、揭示课题的发展趋势、选择合适的期刊进行投稿等方面帮助研究人员更好地把握相关课题，寻求研究的突破与创新点，为科研人员建立"检索—分析—管理—写作"的创新型研究平台。

下面以科学引文索引数据库为例对 Web of Science 提供的文献检索方式进行介绍，如图 2-13 所示。

图 2-13　使用 Web of Science 进行基本检索

基本文献检索可以按照主题、标题、作者、出版物名称、出版年、基金资助机构、机构扩展、所有字段等进行检索，如图 2-14 所示，这种检索方式可以满足大部分的需要。此外，还可以按照以下方式进行检索。例如，按照被引参考文献检索，包括按被引标题、被引著作、被引年份等信息检索，如图 2-15 所示。以上为常规检索方式，此外，还可用高级检索方式检索，获取更加准确和相关性更强的文献，如图 2-16 所示。另外，有时需要对作者的研究领域进行调研，则可使用作者检索方式，包括输入作者姓名、选择研究领域、选择机构，如图 2-17 所示。以电子信息类专业某研究人员为例，可以选择研究领域 PHYSICAL SCIENCES 和 TECHNOLOGY 进行检索，得到如图 2-18 所示的检索结果。

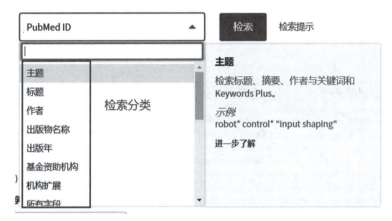

图 2-14 Web of Science 基本检索方式

图 2-15 使用 Web of Science 进行被引参考文献检索

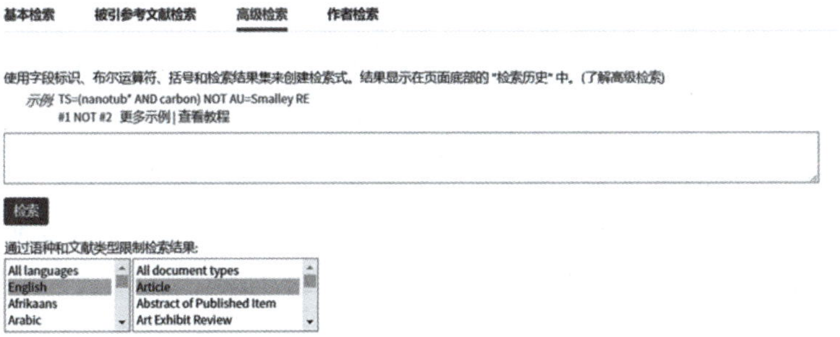

图 2-16 使用 Web of Science 进行高级检索

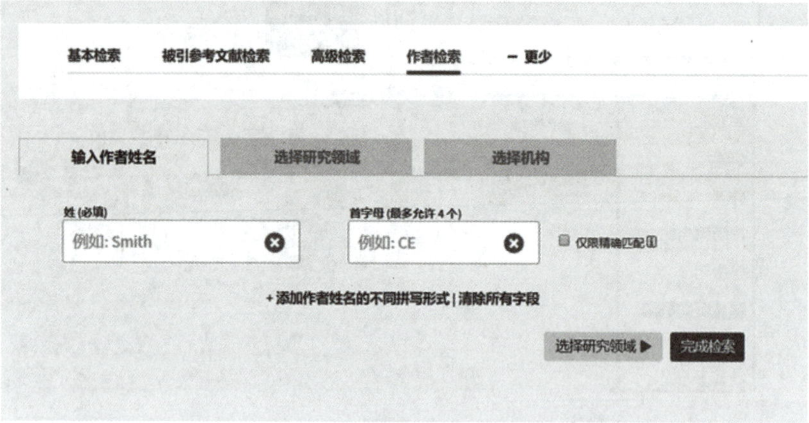

图 2-17 使用 Web of Science 进行作者检索

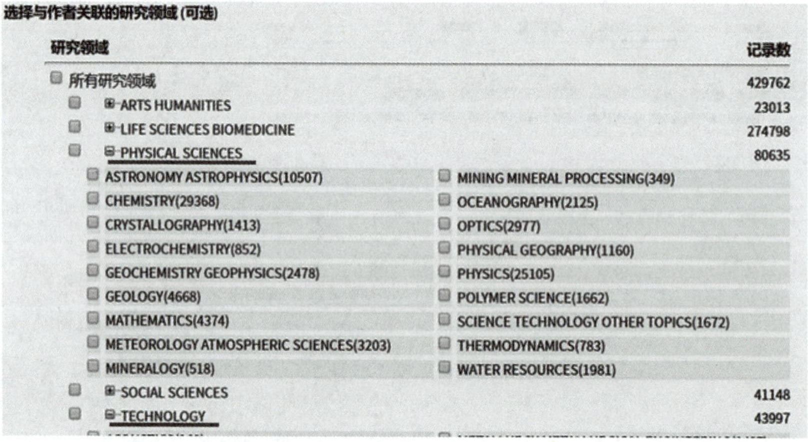

图 2-18 使用 Web of Science 进行作者检索研究领域分类检索

此外，Web of Science 可对检索结果按照日期、被引频次、使用次数、相关性等方式进行排序，如图 2-19 所示。

下面以"antenna array"为例进行检索，并按照被引频次排序，得到排名第一（被引频次：7817）的文献为"Cooperative diversity in wireless networks: Efficient protocols and outage behavior"，如图 2-20 所示。

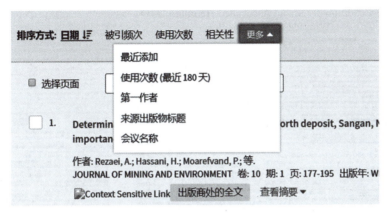

图 2-19　Web of Science 检索结果排序方式

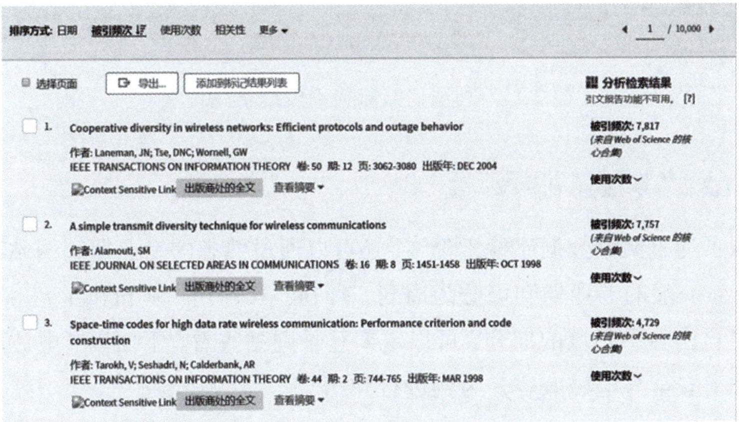

图 2-20　在 Web of Science 检索结果中按照被引频次进行排序

以上为通过文献数据库直接检索文献的常用方法,这种方法虽然直接简单,但"被动"和"单一",容易漏掉一些重要文献。下面介绍一种非常有效的方法——"顺藤摸瓜"法——查找某一篇相关文献后,根据其引文和被引文献,迅速找寻该领域的经典和最新文献,实现"拔出萝卜带出泥"的文献检索效果。下面以 FDTD 关键词为例进行介绍。

先通过检索关键词 FDTD 获取一篇相关性较强的论文,通过阅读该论文的背景介绍和核心算法相关内容,找到与自己研究方向较为契合的部分,通过该文章的文献引用找到更多符合要求的相关文章,如图 2-21 所示。

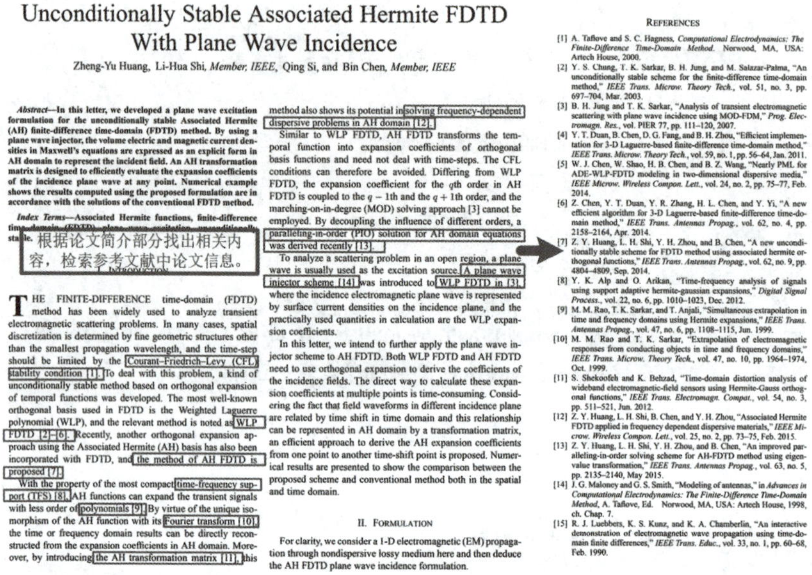

Unconditionally Stable Associated Hermite FDTD With Plane Wave Incidence

Zheng-Yu Huang, Li-Hua Shi, *Member, IEEE*, Qing Si, and Bin Chen, *Member, IEEE*

***Abstract*—In this letter, we developed a plane wave excitation formulation for the unconditionally stable Associated Hermite (AH) finite-difference time-domain (FDTD) method. By using a plane wave injector, the volume electric and magnetic current densities in Maxwell's equations are expressed as an explicit form in AH domain to represent the incident field. An AH transformation matrix is designed to efficiently evaluate the expansion coefficients of the incidence plane wave at any point. Numerical example shows the results computed using the proposed formulation are in accordance with the solutions of the conventional FDTD method.**

***Index Terms*—Associated Hermite functions, finite-difference tim… stable.**

I. INTRODUCTION

THE FINITE-DIFFERENCE time-domain (FDTD) method has been widely used to analyze transient electromagnetic scattering problems. In many cases, spatial discretization is determined by fine geometric structures other than the smallest propagation wavelength, and the time-step should be limited by the Courant–Friedrich–Levy (CFL) stability condition [1]. To deal with this problem, a kind of unconditionally stable method based on orthogonal expansion of temporal functions was developed. The most well-known orthogonal basis used in FDTD is the Weighted Laguerre polynomial (WLP), and the relevant method is noted as WLP FDTD [2]–[6]. Recently, another orthogonal expansion approach using the Associated Hermite (AH) basis has also been incorporated with FDTD, and the method of AH FDTD is proposed [7].

With the property of the most compact time-frequency support (TFS) [8], AH functions can expand the transient signals with less order of polynomials [9]. By virtue of the unique isomorphism of the AH function with its Fourier transform [10], the time or frequency domain results can be directly reconstructed from the expansion coefficients in AH domain. Moreover, by introducing the AH transformation matrix [11], this method also shows its potential in solving frequency-dependent dispersive problems in AH domain [12].

Similar to WLP FDTD, AH FDTD transforms the temporal function into expansion coefficients of orthogonal basis functions and need not deal with time-steps. The CFL conditions can therefore be avoided. Differing from WLP FDTD, the expansion coefficient for the qth order in AH FDTD is coupled to the $q-1$th and the $q+1$th order, and the marching-on-in-degree (MOD) solving approach [3] cannot be employed. By decoupling the influence of different orders, a paralleling-in-order (PIO) solution for AH domain equations was derived recently [13].

To analyze a scattering problem in an open region, a plane wave is usually used as the excitation source. A plane wave injector scheme [14] was introduced to WLP FDTD in [3], where the incidence electromagnetic plane wave is represented by surface current densities on the incidence plane, and the practically used quantities in calculation are the WLP expansion coefficients.

In this letter, we intend to further apply the plane wave injector scheme to AH FDTD. Both WLP FDTD and AH FDTD need to use orthogonal expansion to derive the coefficients of the incidence fields. The direct way to calculate these expansion coefficients at multiple points is time-consuming. Considering the fact that field waveforms in different incidence plane are related by time shift in time domain and this relationship can be represented in AH domain by a transformation matrix, an efficient approach to derive the AH expansion coefficients from one point to another time-shift point is proposed. Numerical results are presented to show the comparison between the proposed scheme and conventional method both in the spatial and time domain.

II. FORMULATION

For clarity, we consider a 1-D electromagnetic (EM) propagation through nondispersive lossy medium here and then deduce the AH FDTD plane wave incidence formulation.

REFERENCES

[1] A. Taflove and S. C. Hagness, *Computational Electrodynamics: The Finite-Difference Time-Domain Method.* Norwood, MA, USA: Artech House, 2000.
[2] Y. S. Chung, T. K. Sarkar, B. H. Jung, and M. Salazar-Palma, "An unconditionally stable scheme for the finite-difference time-domain method," *IEEE Trans. Microw. Theory Tech.*, vol. 51, no. 3, pp. 697–704, Mar. 2003.
[3] B. H. Jung and T. K. Sarkar, "Analysis of transient electromagnetic scattering with plane wave incidence using MOD-FDM," *Prog. Electromagn. Res.*, vol. PIER 77, pp. 111–120, 2007.
[4] Y. T. Duan, B. Chen, D. G. Fang, and B. H. Zhou, "Efficient implementation for 3-D Laguerre-based finite-difference time-domain method," *IEEE Trans. Microw. Theory Tech.*, vol. 59, no. 1, pp. 56–64, Jan. 2011.
[5] W. J. Chen, W. Shao, H. B. Chen, and B. Z. Wang, "Nearly PML for ADE-WLP-FDTD modeling in two-dimensional dispersive media," *IEEE Microw. Wireless Compon. Lett.*, vol. 24, no. 2, pp. 75–77, Feb. 2014.
[6] Z. Chen, Y. T. Duan, Y. R. Zhang, H. L. Chen, and Y. Yi, "A new efficient algorithm for 3-D Laguerre-based finite-difference time-domain method," *IEEE Trans. Antennas Propag.*, vol. 62, no. 4, pp. 2158–2164, Apr. 2014.
[7] Z. Y. Huang, L. H. Shi, Y. H. Zhou, and B. Chen, "A new unconditionally stable scheme for FDTD method using associated hermite orthogonal functions," *IEEE Trans. Antennas Propag.*, vol. 62, no. 9, pp. 4804–4809, Sep. 2014.
[8] Y. K. Alp and O. Arikan, "Time-frequency analysis of signals using support adaptive hermite-gaussian expansions," *Digital Signal Process.*, vol. 22, no. 6, pp. 1010–1023, Dec. 2012.
[9] M. M. Rao, T. K. Sarkar, and T. Anjali, "Simultaneous extrapolation in time and frequency domains using Hermite expansions," *IEEE Trans. Antennas Propag.*, vol. 47, no. 6, pp. 1108–1115, Jun. 1999.
[10] M. M. Rao and T. K. Sarkar, "Extrapolation of electromagnetic responses from conducting objects in time and frequency domains," *IEEE Trans. Microw. Theory Tech.*, vol. 47, no. 10, pp. 1964–1974, Oct. 1999.
[11] S. Shekoofeh and K. Behzad, "Time-domain distortion analysis of wideband electromagnetic-field sensors using Hermite-Gauss orthogonal functions," *IEEE Trans. Electromagn. Compat.*, vol. 54, no. 3, pp. 511–521, Jun. 2012.
[12] Z. Y. Huang, L. H. Shi, B. Chen, and Y. H. Zhou, "Associated Hermite FDTD applied in frequency dependent dispersive materials," *IEEE Microw. Wireless Compon. Lett.*, vol. 25, no. 2, pp. 73–75, Feb. 2015.
[13] Z. Y. Huang, L. H. Shi, Y. H. Zhou, and B. Chen, "An improved paralleling-in-order solving scheme for AH-FDTD method using eigenvalue transformation," *IEEE Trans. Antennas Propag.*, vol. 63, no. 5, pp. 2135–2140, May 2015.
[14] J. G. Maloney and G. S. Smith, "Modeling of antennas," in *Advances in Computational Electrodynamics: The Finite-Difference Time-Domain Method*, A. Taflove, Ed. Norwood, MA, USA: Artech House, 1998, ch. Chap. 7.
[15] R. J. Luebbers, K. S. Kunz, and K. A. Chamberlin, "An interactive demonstration of electromagnetic wave propagation using time-domain finite differences," *IEEE Trans. Educ.*, vol. 33, no. 1, pp. 60–68, Feb. 1990.

图 2-21　利用“顺藤摸瓜”法查找论文

2.1.2.2　专业期刊网站

除了通过文献数据库检索论文，还可以通过熟悉的专业期刊网站进行文献检索。一般的专业期刊可分为周刊、月刊、双月刊、季刊和年刊等。研究者针对自己熟悉领域的期刊，可以定期登录网站查看。下面以《电波科学学报》和《安全与电磁兼容》为例进行介绍。

1.《电波科学学报》

《电波科学学报》是中国科学技术协会主管、中国电子学会主办、中国电波传播研究所承办的国内外公开发行的学术性刊物，是中文核心期刊。刊载的文章内容涵盖整个电波科学的理论研究、试验研究和工程应用，包括电磁场理论、天线、电磁兼容与频谱管理、遥测遥控、地球科学、空间科学、生物电磁、物联网、人工智能等领域中涉及的电波传播内容，重点刊登该领域的基础科学、理论研究、试验研究、工程应用、系统设计等方面的创新科研成果。

登录期刊网站后可获取期刊介绍、期刊投稿、期刊订阅等信息。若需要进行投稿/查稿等操作，可选择页面右侧的相应选项，如图 2-22 所示。

图 2-22 《电波科学学报》主页

以投稿/查稿为例,单击相应选项,页面将跳转至如图 2-23 所示的登录界面,作者可输入用户名、密码登录系统,进行相关操作。

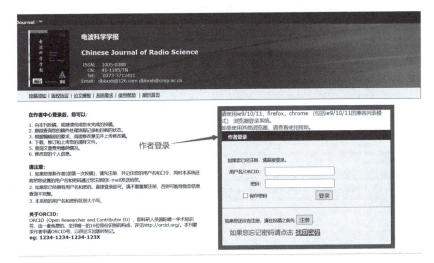

图 2-23 《电波科学学报》投稿/查稿界面

此外,可在主页查阅、下载相关文献。单击 PDF 选项,可直接下载文献,如图 2-24 所示。

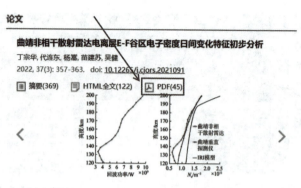

图 2-24 《电波科学学报》文献下载

单击文献题目,可查看作者、发表时间、摘要等详细信息,如图 2-25 所示。在该页面中可以直接浏览文献的 HTML 全文,如图 2-26 所示。

图 2-25 《电波科学学报》文献信息预览

2.《安全与电磁兼容》

《安全与电磁兼容》于 1989 年创刊,主办单位为中国电子技术标准化研究院,逢双月 25 日出版。该刊是中国唯一介绍电子产品安全与电磁兼容相关内容的专业期刊,是集权威性、学术性、实用性和知识性于一体的技术性刊物。它主要关注电磁兼容在各行各业的应用及系统设备的使用和维护,为改进电子产品的安全性、电磁兼容设计,提高电子产品的安全、电磁兼容性能提供指导。

第2章 科研素材的获取和管理

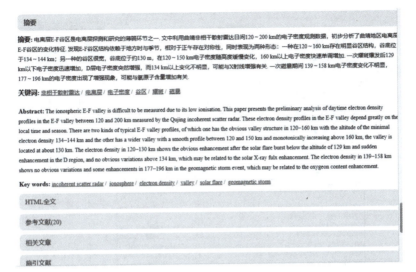

图 2-26 浏览《电波科学学报》文献

登录期刊主页或从知网进行期刊文献的检索，文献下载步骤如下。

（1）进入官网 → 各期目录 → 中文版/英文版，如图 2-27 所示。

（2）按照文章标题/作者/期刊日期版本查找文章，如图 2-27 所示。

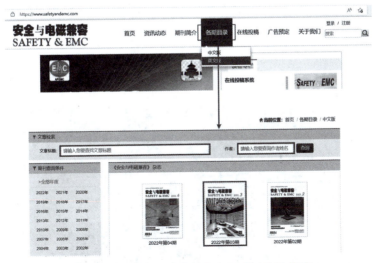

图 2-27 《安全与电磁兼容》主页及文献检索

（3）单击要查看的文章，并登录查看，如图 2-28 所示。

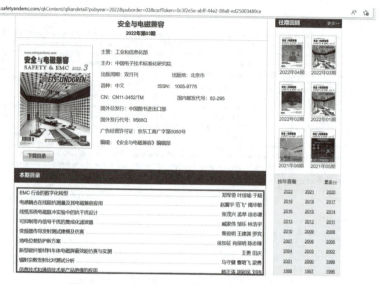

图 2-28 《安全与电磁兼容》文献下载

2.1.2.3 研究团队和研究者个人主页

研究团队一般都建有自己的实验室主页，研究者也会建立个人主页，个人主页一般会链接到团队主页或者学院网站。这些主页可以用于宣传和展示科研成果和实验室氛围等，为研究生招生、课题申报、交流合作等提供平台。通过浏览科研团队和研究者个人主页可直接获取文献信息。某些主页还可以直接提供下载服务。麻省理工学院下属的 CSAIL 实验室主页如图 2-29 所示。

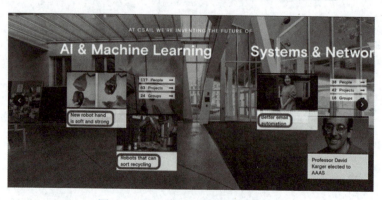

图 2-29 CSAIL 实验室的网站主页

2.1.2.4 参加学术会议及研讨会——会议论文集

学术会议是一种以促进科学发展、学术交流、课题研究等学术性话题为主题的会议。学术会议一般具有国际性、权威性、高知识性等特点，参加学术会议是获得第一手研究动态的绝佳途径。学术会议一般会有论文集，浏览论文集论文也是获取文献的一种重要途径。

2.1.2.5 学术圈网站——ResearchGate

科研人员也会在学术圈网站上发布自己的最新论文和成果。例如，ResearchGate 是一个国际科研社交网络服务网站，国内可以自由访问。大量科研用户、团队可以通过 ResearchGate 更新论文并上传 PDF 稿件，用户还可以在 ResearchGate 上提出学术性问题，以获得全球同领域同行的回复与帮助。与科研人员主页不同，像 ResearchGate 这样的学术圈网站还有"交流与互助"功能。这里简要介绍注册 ResearchGate 的流程。

首先登录 ResearchGate 官网，单击 Join for free，以南京航空航天大学电子信息工程学院为例，在 Institution 栏中先填写 nuaa，然后单击跳出的 Nanjing University of Aeronautics & Astronautics, China, Nanjing 选项，如图 2-30 所示。接着在 Department 栏中选择 Department of Electronic Science and Technology。进一步注册时，在 Your institution email 栏中填写个人信息，如个人邮箱等。该网站注册一般需要使用 edu 邮箱，即学校邮箱，因此需要先向学校申请。

（a）选择学校

图 2-30　ResearchGate 用户注册界面

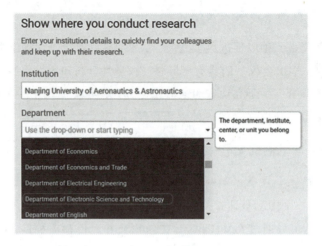

(b)选择学院

(c)填写个人信息

图 2-30 （续）

2.1.2.6 学术期刊或出版商的电子邮件推送服务

如果需要定期关注感兴趣的期刊或者出版商的文献，或者需要及时留意自己研究领域的最新成果和动态，可以订阅相关电子邮件推送服务。例如，三大学术界出版商 Wiley-Blackwell、Elsevier 和 Springer 均提供邮件提醒服务。只需注册免费账号，即可订阅本领域目标期刊的通知。Wiley-Blackwell 注册页面如图 2-31 所示。

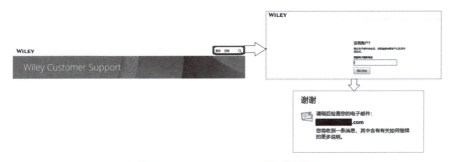

图 2-31 Wiley-Blackwell 注册页面

2.1.3 文献属性

1. SCI/EI

《科学引文索引》是当今世界上最重要的几个检索性刊物之一，包括自然科学、生物、医学、农业、技术和行为科学等领域，主要侧重于基础科学。众所周知 SCI 对职业发展的重要性。近年来，在对论文质量要求越来越高的情形下，SCI 的地位只增不减。SCI 论文质量较高，因此在文献获取阶段建议多关注 SCI 论文。

此外，《工程索引》（The Engineering Index，EI）是著名的工程技术类综合性检索工具。EI 检索收录文献几乎涉及工程技术各个领域，如动力、电工、电子、自动控制、矿冶、金属工艺、机械制造、管理、土建、水利、教育工程等。EI 检索具有综合性强、资料来源广、地理覆盖面广、报道量大、报道质量高、权威性强等特点。EI 是全球范围内的一个数据库，被录入的文章都代表着权威性与高质量。

2. 影响因子

影响因子（Impact Factor，IF）通常代表一个 SCI 期刊的国际认可度。它可以将不同行业进行对等折算。一般来说，影响因子越高越好，可在一定程度上表征学术质量的优劣，但与学术质量并非成线性正比关系，也无法对学术质量进行精确定量评价，因此不能过度"迷信"影响因子。可使用 Web of Science 中的《期刊引用报告》（Journal Citation Reports，JCR）查询期刊的影响因子，其中 JCR Science Edition 用于查询自然科学类期刊，JCR Social Sciences

Edition 用于查询人文社会科学类期刊。

3. 分区

期刊分区是 SCI 特有的，一种是 JCR 分区，另一种是中国科学院分区。两类分区都是按照期刊的影响因子划分的，只不过各区的标准有所不同。JCR 分区又称汤森路透分区。汤森路透每年出版一本 JCR，将收录的多种 SCI 期刊分为 176 个不同学科类别，将某一个学科所有期刊的上一年影响因子等指数加以统计并按照降序进行排列，然后划分为 4 个比例均为 25% 的区。一区为 25%，二区为 25%~50%，三区为 50%~75%，四区为 75%~100%。几区常用 Q1~Q4（Q 表示 Quartile in Category）表述。常用说法为某本期刊位于某学科的 Q 几。中国科学院分区是由中国科学院国家科学图书馆制定出来的分区，也分为 4 个区，分类标准和 JCR 略有不同，它是按照期刊 3 年的平均影响因子进行分区，分区比例不再是均等的 25%。一区为 5%，二区为 6%~20%，三区为 21%~50%，四区为 50%。JCR 分区与中国科学院分区均以影响因子为基础进行划分，但还是有一些区别的，主要表现在参考的期刊影响因子年限、分区阈值、期刊学科分类等方面。

4. 辅助工具及论坛

除了通过官方途径了解期刊的基本情况、获取学术资源外，还可以通过相关微信公众号和学术论坛进一步了解。例如，可以关注公众号 "fenqubiao"，或使用微信小程序 "WOS 核心期刊" 进行查询。该程序可以根据往年曲线变化规律预测今年的影响因子。这里以电磁场与微波领域的主流期刊 *IEEE Transactions on Antennas and Propagation*（IEEE TAP）为例进行介绍。具体查询方式如图 2-32 所示。

此外，还可以通过小木虫等论坛对文献和学术资源进行检索，官网地址为 muchong.com/bbs/。仍然以期刊 *IEEE TAP* 为例进行查询，如图 2-33 所示。在 SCI 期刊名称栏中输入期刊名，单击搜索即可检索到该期刊，如图 2-34 所示。可以进一步查看期刊的基本信息，如出版周期、投稿网址等，如图 2-35 所示。小木虫提供的投稿价值趋势图仅在投稿人投稿选择时提供参考，评论区用户的网上点评仅供参考。

第2章 科研素材的获取和管理 25

图 2-32 使用微信公众号查询影响因子

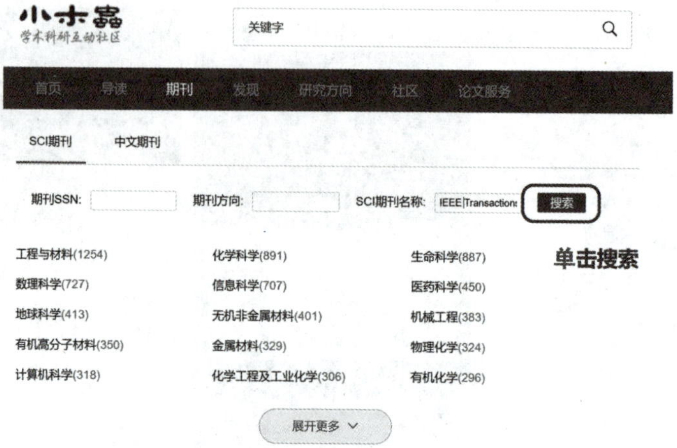

图 2-33 使用小木虫论坛查询期刊

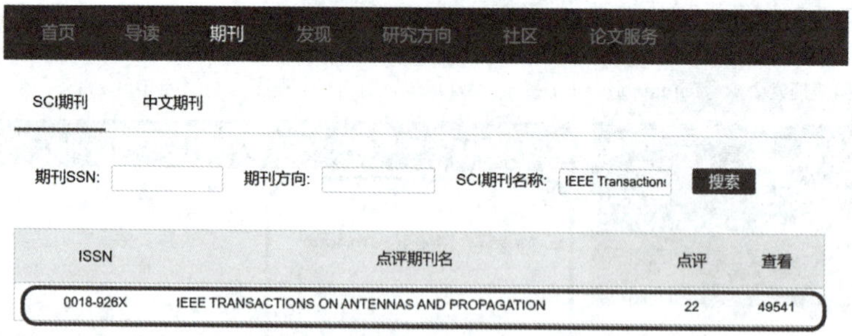

图 2-34 期刊查询结果

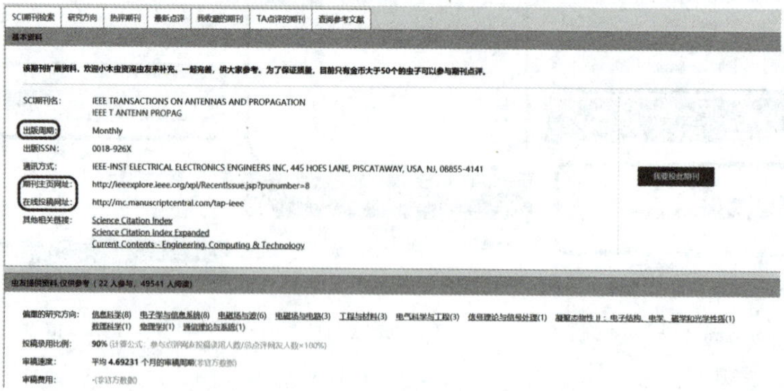

图 2-35 期刊的基本信息

2.1.4 文献要素和阅读

文献的基本要素大致分为标题、作者、摘要、正文、致谢、参考文献等部分。其中，正文部分又可以分为引言、基本理论、创新提升、结论等部分。下面以一篇文献为例介绍文献各要素的基本内容，如图2-36所示。

（a）文献的标题、作者、摘要和正文（引言、基本理论、创新提升）

（b）正文（创新提升和结论）文献的致谢、作者信息和参考文献

文献示例

图2-36 文献及基本要素

1. 标题

标题为文献的题目和核心灵魂，集中反映文献的主要内容和创新思想。如图2-37所示，该文献的题目为 UPML-ABC and TF/SF boundary for unconditionally stable AH-FDTD method in conductive medium，其为计算电磁学领域的一篇文献，介绍无条件稳定 AH-FDTD 方法应用在导电媒介中的 UPML-ABC 和 TF/SF 边界算法。

2. 作者

作者为文献的"贡献者"。一般来说，作者为实际参与论文撰写工作的人，人数没有具体限定，2~7人居多。贡献最大的一般为第一作者和通讯作者，通常通讯作者对论文整体质量负责，投稿阶段与编辑部通讯。一般情况下，导师作为通讯作者，但论文的归属一般为第一作者所在单位，具体情况各异。此外，文献作者信息除了包括姓名外，还包括作者单位、联系方式、简介等内容。不同期刊的格式和所处位置不一致，需具体分析。如图 2-38 所示，文献作者信息位于文末，通过作者信息可与作者取得联系，交流文献中的问题等。

UPML-ABC and TF/SF boundary for unconditionally stable AH-FDTD method in conductive medium

图 2-37 标题

© The Institution of Engineering and Technology 2015
Submitted: *16 July 2015*
doi: 10.1049/el.2015.2488
One or more of the Figures in this Letter are available in colour online.
Zheng-Yu Huang, Li-Hua Shi, Yinghui Zhou and Bin Chen *(National Key Laboratory on Electromagnetic Environment Effects and Electro-optical Engineering, PLA University of Science and Technology, Nanjing 210007, Jiangsu, People's Republic of China)*
✉ E-mail: shilhnj@163.com

姓名
所属机构及地址
联系方式

图 2-38 作者信息

3. 摘要

摘要集中凝练和体现文献的主要工作、创新性和意义。简单而言，通过摘要可大致了解文献主要工作。因此，可以在不下载文献的情形下，通过浏览标题和摘要快速判断是否对文献感兴趣。如图 2-39 所示，通过阅读可知，该文献提出了无条件稳定 AH-FDTD 方法在有耗媒介中的单轴各向异性完全匹配层吸收边界（UPML-ABC）和总场/散射场（TF/SF）实现方法，并通过数值算例验证方法的有效性。

For analysing the scattering problem in conductive medium with the new unconditionally stable associated Hermite (AH) finite-difference time-domain (FDTD) method, the formulation of uniaxial anisotropic perfectly matched layer absorbing boundary condition (UPML-ABC) and the total-field/scattered-field (TF/SF) implementation scheme are deduced. By virtue of AH differential transformation matrix and the eigenvalue transformation, frequency-dependent parameters of the lossy medium can be well treated in AH-UPML, without using any additional auxiliary variables. Numerical verification for the scattering of buried conductor in lossy half-space is performed. Compared with Mur's ABC, UPML increases the absorbing performance by more than 80 dB in AH-FDTD analysis.

图 2-39 摘要

4. 正文

正文是文献的主体部分，即需要详细描述的部分。正文虽然没有固定的格式，但大多数可以分为引言、基本理论、创新提升和结论等部分。引言首先介绍本文工作的大背景与动态，即前人工作，进而凝练出不足之处或指明"可做"之处，最后提出新方案、思路并预告本文工作的效果和意义，如图 2-40 所示。

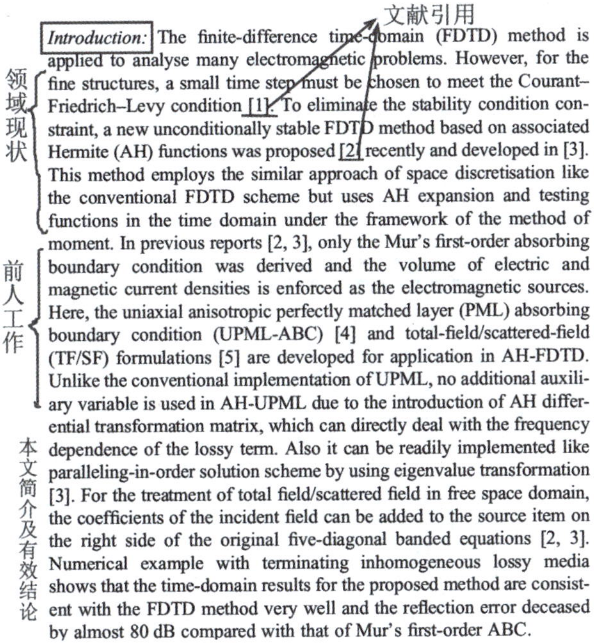

图 2-40　引言

引言之后的撰写风格各异，总体可以分为基本理论和创新提升两部分。基本理论部分需详细阐述前人或者经典工作，并逐步推导和凝练不足，进而过渡到本文的新方案和新思路中；创新提升部分需详细描述本文的创新性工作，并通过理论分析、数值模拟、实验测试等方式证明本文工作的合理性和正确性。正文最后部分为结论，包括本文工作的主要内容的凝练、创新性描述、意义及展望等，是小论文的必备要素，地位与摘要相当。通过结论也可以快速了解文献研究的内容和意义。

5. 致谢

作者在开展研究和撰写论文的过程中往往得到其他机构和人员的经费

支持与实际帮助,为了表达对这些机构和人员的敬意与感恩,需要通过正式的文字陈述,这样的陈述就是论文的致谢部分。论文的致谢不仅可以用于标注经费来源,还可以教会作者感恩,营造良好的学术氛围。

6. 参考文献

参考文献是论文构成中不可或缺的部分,也是论文重要的立意来源与研究材料。无论是国内外期刊论文,还是科研项目申请书,参考文献都非常重要,它不仅可以提供文章选题、提供理论依据,还可以帮助我们找到研究方法,确立文章框架。审稿专家也会根据作者引用的参考文献对文章的研究方向、内容创新、专业领域影响力等进行一定的评判。参考文献如图 2-41 所示。

References
1　Taflove, A., and Hagness, S.C.: 'Computational electrodynamics: the finite-difference time-domain method' (Artech, Norwood, MA, USA, 2000)
2　Huang, Z.Y., Shi, L.H., Chen, B., and Zhou, Y.H.: 'A new unconditionally stable scheme for FDTD method using associated Hermite orthogonal functions', *IEEE Trans. Antennas Propag.*, 2014, **62**, (9), pp. 4804–4809
3　Huang, Z.Y., Shi, L.H., Zhou, Y.H., and Chen, B.: 'An improved paralleling-in-order solving scheme for AH-FDTD method using eigenvalue transformation', *IEEE Trans. Antennas Propag.*, 2015, **63**, (5), pp. 2135–2140
4　Gedney, S.D.: 'An anisotropic perfectly matched layer-absorbing medium for the truncation of FDTD lattices', *IEEE Trans. Antennas Propag.*, 1996, **44**, (12), pp. 1630–1639
5　Umashankar, K.R., and Taflove, A.: 'A novel method to analyze electromagnetic scattering of complex objects', *IEEE Trans. Electromagn. Compat.*, 1982, **EMC-24**, (4), pp. 397–405

图 2-41　参考文献

由于文献的呈现载体可以分为电子和纸质两类,阅读的感觉和习惯也不同:电子文献易于传播、分享与交流,一般适用于快速浏览和调研,并且越来越主流;传统纸质文献便于标注和反复阅读,适合慢读和精细品味,更适用于需要复现前人工作时。

2.2　文献管理和使用

科研素材的获取固然重要,对获取的素材做好分类和管理也很重要。以论文撰写为例,优秀的科研论文撰写需要大量的文献参考作为支撑,且在写作中参考文献格式的编辑是科研论文的重要组成，掌握高效的文献管理方法可使撰写过程事半功倍。下面以文献为例介绍如何管理和使用科研素材。

2.2.1 文献分类和管理

文献分类和管理是一个"筛选""优化"和"沉淀"的过程，是每位科研工作者应具备的技能。通过分类可使文献库体现层次感，找寻方便，快速定位所需文献，通过管理可以对文献库不断进行更新和迭代，使文献库"附加值"越来越高。

根据文献使用方式的不同，可对文献进行不同的分类。例如，可以按作者、按日期、按关键词、按主题、按期刊等分类，如图2-42所示。按作者分类主要关心"科研工作者和团队"的"重要性"和"特色性"，方便对其进行系统分析。按照日期分类关心文献的"新颖性"和"经典性"，在整理个人成果时经常使用。按关键词分类可实现对某方向或领域的快速"调研"和"把脉"，对课题申报和难点攻克很有帮助。按主题分类可以作为关键词分类的上一级逻辑，特别适合交叉方向的研究和创新。按照期刊分类一般适用于精炼和筛选参考文献，尤其适用于对感兴趣期刊文献的收集和整理。

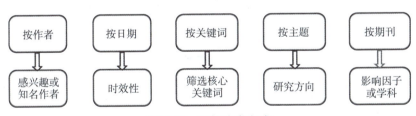

图 2-42　文献分类方式

了解了文献分类的意义和方法后，实践过程就是文献的管理，一般有以下两种方法。

（1）自建文件夹：一般来说，初级科研工作者的文献数目不多，可采取自建文件夹方式对文献进行管理。这种方法看上去"笨"，却很实用，也是大多数科研工作者使用的方法，但需要花费大量时间进行维护，过程也因人而异。不足之处在于，若需要对逻辑架构进行调整，则较难实现；另外，随着文献量的增加和库的增大，会出现很多"冗余"，检索和快速定位也常"力不从心"。

（2）文献管理软件：当文献数量日渐增长，使用文献管理软件进行管理显得越来越具有"科学范儿"，当然也更有效率。益处很多：首先，利用文献管理软件，可快速归类、整理下载的文献，建立个人数据库，方便查找和调阅所需文献；其次，可以将数据库与他人共享，方便沟通与交流；再次，便于对文献进行分组变化、查重与增减等操作；最后，在论文撰写阶段，可方便引用，并可在不同期刊中快速切换引文格式。

下面以 NoteExpress 为例介绍文献管理软件的基本使用。NoteExpress 是一款国产文献管理软件。国内多数高校购入了集团版，高校师生可直接下载相应版本免费使用，但应在机构 IP 范围内下载安装使用，IP 范围之外部分功能不能正常使用。个人版又分为 VIP 版、注册版和免费版，集成功能与权限依次递减。

对于个人版来说，官网下载页面如图 2-43 所示。单击个人标准版下载，如图 2-44 所示，下载后按安装向导安装即可。需要注意的是，安装期间需要根据个人使用的 Word 或者 WPS 版本选择 NoteExpress 的版本，以便将其嵌入相应的文档编辑环境。一般来说，Office 2003/2007 和 WPS 用户可选择经典版，而 Office 2010/2013/2016/2019 用户则可选择尝鲜版或经典版。

图 2-43 NoteExpress 下载

安装完毕后，打开 Word 即可看到 NoteExpress 界面，如图 2-45 所示。

图 2-44　NoteExpress 下载（个人标准版）

图 2-45　将 NoteExpress 嵌入 Word

此外，EndNote 也是一款优秀的文献管理软件，可通过官网下载安装。Endnote 与 NoteExpress 不同的是，其可以支持 macOS 系统，提供英文、中文（繁简）、日语、韩语 4 种界面语言，而 NoteExpress 只提供简体中文语言支持。

在文献检索与题录导入方面，两者均支持软件内置在线检索：

（1）EndNote 支持 6000 多个数据库，但不支持 CNKI、维普、万方等国内主流数据库。

（2）NoteExpress 支持 53 个外文数据库和 51 个中文数据库（不完全统计），支持检索 CNKI、维普、万方等国内主流数据库。

文献管理功能方面：

（1）两者均支持个人文献库题录、笔记检索，EndNote 内置 PDF 阅读器，并支持本地全文检索，而 NoteExpress 无内置 PDF 阅读器，不支持本地全文检索。

（2）EndNote 支持网络同步，所建数据库可自动保存于云端，无容量限制，并支持多达 100 位用户群组共享，有助于提高团队协作效率。NoteExpress

只提供本地备份功能，尚不支持网络同步与群组共享，如有需要可结合第三方云服务进行同步与共享。

（3）EndNote 支持通过 DOI 寻址下载 OA 文献，不支持主流中文数据库文献的全文下载。NoteExpress 支持主流中文数据库的全文批量下载，但该功能仅限于在已购数据库下载权限的机构 IP 范围内使用。

写作协助功能方面：

（1）EndNote 预置 6000 多种引文输出格式，支持拓展与手动修改，官网目前已更新 7000 多种。注意预置格式不含国内常用的 GB/T 7714—2015 格式，相关格式文件可通过官网获取。下载后将.ens 格式文件移动到 EndNote 安装目录下的 Style 文件夹中，重启 EndNote 即可。NoteExpress 则预置 3700 多种输出格式，同样支持拓展与手动修改。

（2）EndNote 笔记功能仅支持文字及简单的标记，不支持图片、表格及公式等编辑，如有需要，可以附件形式链接到笔记中。NoteExpress 笔记功能相对强大，支持图片、表格等编辑，公式编辑支持 LaTeX 与 MathType。

两个管理软件的区别如表 2-3 所示，总体来说 EndNote 功能极为强大，但缺乏对中文文献及中文数据库的支持，笔记功能也只是勉强够用，而 NoteExpress 则对各大主流中文数据库完美支持，并具有相对完善的笔记功能，两者互补共用，基本能满足目前大多数用户的文献管理需求。

表 2-3 EndNote 与 NoteExpress 在文献检索与题录导入方面的异同

	EndNote	NoteExpress
文献库	支持个人文献库题录、笔记检索，内置 PDF 阅读器，支持本地检索	支持个人文献库题录、笔记检索，但无内置 PDF 阅读器，不支持本地全文检索
同步功能	支持网络同步，所建数据库可自动保存于云端，无容量限制。并支持多达 100 位用户群组共享，有助于提高团队协作效率	提供本地备份功能，尚不支持网络同步与群组共享，如有需要可结合第三方云服务进行同步与共享
文献下载	支持通过 DOI 寻址下载 OA 文献，不支持主流中文数据库文献的全文下载	支持主流中文数据库的全文批量下载，但该功能仅限于在已购数据库下载权限的机构 IP 范围内使用

2.2.2 文献引用和查重

文献引用是学术论文撰写的重要组成部分，正确引用他人就某一研究问题或某一研究领域的观点和结论，既是对他人研究成果的尊重，也有助于增强研究工作的说服力。

1. 文献引用

1）使用文献管理软件引用

借助文献管理软件可以轻松实现文献引用，主要分为下载和导入引文格式文件、引用两个步骤。例如，在知网检索一篇文献"不同评价函数下阵列天线自修复分析"并使用 NoteExpress 的文献引用功能进行引用。首先，选择文献的 NoteExpress 导出格式，单击"导出"按钮，如图 2-46 所示。下载 NET 文件并打开，NoteExpress 会自动跟随打开，如图 2-47 所示，单击"开始

图 2-46　文献导出为 NoteExpress 格式

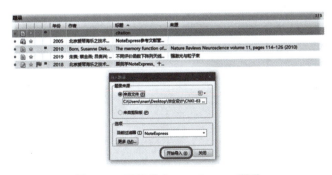

图 2-47　开始导入 NoteExpress 题录

导入"按钮，完成导入。其次，进行引用，例如，在 Word 中实现引用，在 Word 中的 NoteExpress 嵌入界面单击"选择引用"按钮，如图 2-48 所示，参考文献会在 Word 中自动导入，如图 2-49 所示。

图 2-48　使用 Word 嵌入的 NoteExpress 导入参考文献

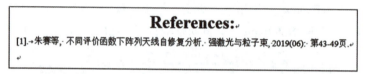

图 2-49　使用 NoteExpress 进行参考文献引用

2）使用数据库中的引用格式直接引用

以中国知网为例，在文献导出格式中根据文献和期刊要求选择所需引用的格式，如图 2-50 所示。选择类别之后，参考文献会以 TXT 文件下载，直接复制并粘贴到 Word 中相应位置即可，此时一般需要对参考文献进行交叉引用，这一点将在后续文献撰写中进一步说明。

图 2-50　中国知网引用文献导出页面

第2章 科研素材的获取和管理

下面以 IEEE Xplore 数据库为例进一步说明。如图 2-51 所示，找到所需下载文献的界面，单击下载标识 Download Citations，并选择需要的引文输出格式（Output Format），如图 2-52 所示；单击 Download 得到完整的参考文献引用格式界面，如图 2-53 所示。

图 2-51　IEEE Xplore 文献首页

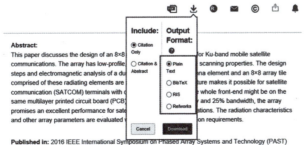

图 2-52　IEEE Xplore 文献导出页面

K. Y. Kapusuz, Y. Şen, M. Bulut, İ. Karadede and U. Oğuz, "Low-profile scalable phased array antenna at Ku-band for mobile satellite communications," *2016 IEEE International Symposium on Phased Array Systems and Technology (PAST)*, Waltham, MA, 2016, pp. 1-4.
doi: 10.1109/ARRAY.2016.7832648
keywords: {antenna phased arrays;antenna radiation patterns;mobile antennas;mobile satellite communication;multifrequency antennas;printed circuits;satellite antennas;scanning antennas;multilayer PCB;multilayer printed circuit board;SATCOM terminal;dual-polarized radiating antenna element;electromagnetic analysis;wide-angle scanning properties;Ku-band mobile satellite communication;low-profile scalable phased array antenna design;Phased arrays;Satellite antennas;Substrates;Mobile antennas;Gain;aperture coupled antennas;Ku-band;mobile satellite terminals;multi layer antennas;phased array;SATCOM on-the-move applications},
URL: http://ieeexplore.ieee.org.spot.lib.auburn.edu/stamp/stamp.jsp?tp=&arnumber=7832648&isnumber=7832533

图 2-53　IEEE Xplore 引用参考文献

总体来说，撰写论文除了在内容上仔细斟酌外，还要在论文引用格式上严格把关，相关内容将在论文撰写过程中进一步介绍。

2. 查重

论文撰写后的查重也是一项重要工作，特别是对于毕业设计和毕业论文的查重。国内通常使用中国知网查重，并将其作为相对权威的参考标准，需进行付费。此外，一些数据库，如百度等也提供查重服务，收费相对较低，一定程度上也可以作为参考。不管如何，自己真正写出来的文章一般不用担心查重问题。论文撰写的相关技巧和注意事项将在后面进一步介绍。

第3章

科研素材的使用和成果撰写

在掌握获取和管理科研素材的能力后,可以通过理论、推演分析、数值模拟或实验深入开展科学研究。在开展科研活动期间,良好的科研素材使用和撰写能力的提前习得,可显著加速整个科研过程。本章主要梳理和总结在科研素材的使用和成果撰写期间需要的技巧,包括文档撰写工具 Word 和 LaTeX、绘图工具 Visio、程序编辑工具 MATLAB 和 Python 等。

3.1 科研论文基本格式和要点

本节主要介绍中文大论文和中英文小论文的基本格式及要点。大论文是指学位论文,一般需要2万~3万字,格式因学校要求而异。小论文是指发表在某些期刊或者会议上的论文,字数几千字,格式因期刊种类或者会议要求而异。无论是大论文还是小论文都有共性,本节将重点介绍这方面内容。

3.1.1 大论文

大论文包括封面、摘要、目录、章节、参考文献、注释、附录等要素,本节对此逐一进行介绍。

1. 封面

封面通常具有固定格式，每个学校也略有差异，一般包含论文题目、学校名称、学生信息（如姓名、学号、专业等）、日期等内容。南京航空航天大学本科毕业设计封面示例如图 3-1 所示。标题的格式要求：二号黑体，加粗，居中，段前段后 1 行。

图 3-1　南京航空航天大学本科毕业设计封面示例

2. 中英文摘要及关键词

摘要是对大论文研究内容的高度凝练，反映创新和独特性。它的撰写贯穿大论文全过程，需反复修改才能敲定。

关键词类似论文的"特征标签"，一般来说，论文发表后文献数据库会根据这些标签对论文进行分类，同行学者在检索时便能发挥其作用。因此，关键词需要好好琢磨和选定，这会对后续论文被检索、引用及影响力的提升起到"关键"作用。摘要和关键词的基本格式要求如下：

（1）摘要：两字（三号黑体，加粗），段前段后 1 行，独占一行，居中。

（2）摘要正文：小四号宋体，1.5 倍行距，摘要正文后下空一行。

（3）关键词：三字（四号黑体，加粗），段前空两个字符。

（4）关键词正文：一般为 3~5 个关键词，小四号宋体，1.5 倍行距。关键词之间用分号隔开，最后一个关键词后无标点符号。

中英文摘要与关键词要求基本类似，如图 3-2 和图 3-3 所示。值得注意的是，在将中文摘要翻译为英文后，要仔细检查英文语法、专业名词及用语表达的准确性。基本语句或专业词汇翻译是否准确有一种比较简单的判别方法，即将其复制到百度学术或 IEEE 数据库中，查看文献是否有"类似的表达"方式，并在此基础上进一步甄别和比较。

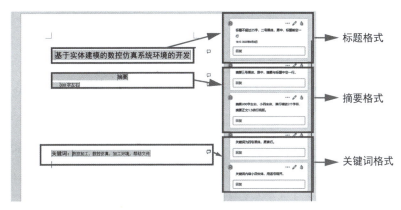

图 3-2　中文摘要和关键词图例

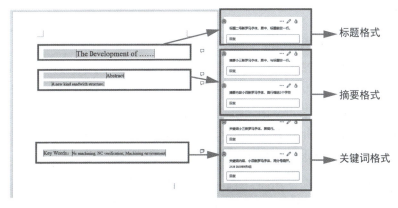

图 3-3　英文摘要图例

3. 目录

目录有提纲挈领的作用。在生成目录之前，章节的撰写尽可能多设置几个层级，一级标题及其子标题的拟定要简洁明了，便于读者快速了解文章结构，厘清逻辑关系。

目录在相应位置插入方法：使用【插入/引用/索引和目录】菜单中的【目录】项，选择各级标题设置（标题1、标题2、标题3）。毕业设计模板的目录如图3-4所示。模板中的目录格式：两字（三号黑体，加粗），段前段后1行，独占1行，居中。目录中各章题序的阿拉伯数字用 Times New Roman 字体，一级标题用小四号黑体，其余用小四号宋体。

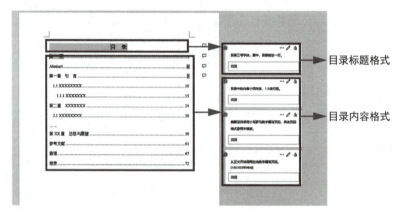

图 3-4　目录图例

4. 章节及各章标题

正文部分是论文的主体，遣词造句需精益求精。正文的写作思路是"从骨架开始慢慢长肉"，核心是"大道至简"。首先，搭建章节目录，每个章节包含待撰写的内容要点，即"粗骨架"；其次，围绕核心字眼进行深层次的细分和多级延展，将内容进一步细化，反复迭代，即"搭建完整骨架"；最后，兼顾每章节的内容，将其连贯形成一篇完整的论文。

章节的撰写本质是从词到句，由句成段的过程。其中，"总—分—总"是较为实用的方法，即撰写一个段落、一个章节或一篇论文时，先"总起"，后"分述"，最后"总结"，且每个环节又可"总—分—总"。因此，对于某一章节，可在前文加引言，后文加小结，这样更具层次感。这一方法同样适用于摘要和结论。

另外，分章节撰写时，若每章需另起一页，可通过使用【插入/分隔符/分页符】实现。各章标题要突出重点、简明准确，一般不使用标点符号，尽量不采用英文缩写词，如必须使用，应使用行业通用缩写词等。毕业设计模板正文中章节的基本格式如图3-5所示。

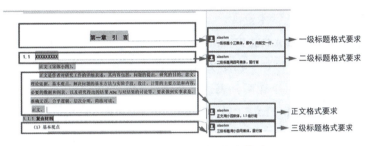

图3-5 正文中章节的基本格式

5. 图表

科研论文中的图表是研究结果最直观的显示方式，不仅能直观、高效地表达复杂的数据和观点，也能启发思考数据的本质、分析数据揭示的规律，以较小的空间承载较多的信息，真实、准确地展示和反映数据。好的图表不仅能传递大量信息，更能层层递进方便作者阐述更深层次的想法，把论文水平拔高一个层次。论文中的图表因期刊要求而异，常见的图片格式分为两类，可根据不同情况选择。

（1）矢量图：文件容量较小，在进行放大、缩小或旋转等操作时图像不会失真，与分辨率无关，适用于图形设计、文字设计、标志设计、版式设计等。矢量图可缩放为任意大小并以任意分辨率在输出设备上打印，不影响清晰度。缺点是难以表现色彩层次丰富的逼真图像效果。

（2）位图：又称栅格图或点阵图，是通过像素阵列/点阵表示的图像。位图由一个个像素点构成，当放大图像时，像素点会被放大，但每个像素点表示的颜色是单一的，位图放大后就会出现马赛克。因此，在处理位图时，输出图像的质量取决于处理过程开始时设置的分辨率高低。

图表的绘制可采用以下工具。

（1）Excel：数据处理，图表生成。通过插入公式能处理大量数据，生成图表（柱状、散点等），可根据不同情况更改图标样式。其入手简单，是最基础的绘图软件之一，但绘图结构不够精美，一般作为中间研究过程的分析图，不建议放到最终论文中。

（2）PowerPoint：流程图，拼图。PowerPoint 内置了大量基本形状，使用方便。其内置样式，如阴影、高光等较为常用，很多详细的参数也可以单独设置，适用于一般的学术论文。

（3）Photoshop 或 Adobe Illustrator：自由绘制。一些细节图可以用 Photoshop 或者 Adobe Illustrator 添加，较复杂的图表可以使用两者渲染效果等，但建议学术论文图表不要过于花哨，表达出作者的意图即可。

（4）Python 或 MATLAB：数据处理，数据结果图。Python 或 MATLAB 具有强大的标准库，包括容易调用的绘图函数。可处理任何数据，绘出任意图表，清晰完整表达数据，需要有一些编码经验。推荐使用这两种软件绘制科研数据图，后续将进行深入介绍。

（5）Visio：流程图，拼图。Visio 作为 Office 家族中的一员，有很多自选图形可供选择，适合画流程图、数据图和实物模型图等更高质量的图片。

无论采用何种图表和绘图工具，都要遵循色彩鲜明、要素完整、结构严谨的原则。色彩鲜明，高质量的图表色彩布局会让阅读者眼前一亮；要素完整，不仅包括图的自身要素，还要对图反映的结果做出解释，许多期刊都强调图表需成为独立的部分，即读者可以不阅读正文章节而通过检视图表本身而理解论文结果，这一点经常被许多作者忽视；结构严谨，是为了辅助论文表达，在文中推进结论形成及文章逻辑向前发展，因此要注重图表的传达性和逻辑性，图表数据要符合实验结果，在类型选择上也要多斟酌。

表格由表题（表序和表名）和表体组成，表题应在文中进行说明，如"表 1.1"。表序与表名之间空一格，表名中不允许使用标点符号，表名后不加标点，表题置于表上居中，如图 3-6 所示。

6. 公式

公式是理工科类科学研究中的必备元素，必须牢牢掌握其插入方法。常见的编写和使用工具为 Office 数学公式编辑器 MathType，后文系统介绍其使用。在格式上，重要公式应单独显示，并插入文本每一栏的正中央，在上下文文字间留足够空间，从"（1）"开始编号，将编号置于圆括号内，编号一般右对齐。其余公式可以插入正文中，不需要引用。

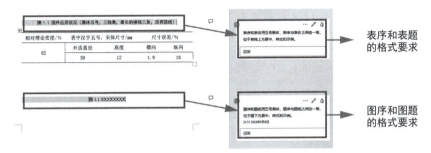

图 3-6　图表示例

7. 参考文献

正确引用参考文献不仅关系到作者的切身利益，尊重他人学术成果，还利于营造良好的学术氛围。著录参考文献可反映论文作者的科学态度和论文具有的真实、广泛的科学依据，也反映该论文的起点和深度。无论是学位论文还是开题报告等，参考文献都能提供宝贵的知识资源，具有重要的参考价值。

引用参考文献需要注意以下问题。

（1）严谨性：引用文献要准确无误，与主题密切相关。引文的目的并不是罗列，而是帮助读者更好地理解论文内容。

（2）合理性：参考文献的质量与数量是评价论文质量和水平的重要指标。

（3）规范性：引用规范需根据《中国学术期刊技术规范》规定，文内要按引用顺序标注序号，文后按文献类型不同分别著录。引文作者为3人以上的，前3名作者姓名列出后加"等"，另外，注意期刊名或出版社、年、卷（期）等信息齐全。著录中不符合规范标准也会影响论文的质量。下面对几种常见的引用规范进行列举。

①期刊：[序号] 主要责任者. 文献题名 [J]. 刊名, 出版年份, 卷号（期号）：起止页码.

②专著：[序号] 主要责任者. 文献题名 [M]. 出版地：出版者, 出版年：起止页码.

③会议论文集：[序号] 主要责任者. 文献题名 [A]//主编. 论文集名 [C]. 出版地：出版者, 出版年：起止页码.

④学位论文：[序号] 主要责任者. 文献题名 [D]. 保存地：保存单位, 年份.

⑤专利文献:[序号] 专利所有者. 专利题名 [P]. 专利国别:专利号, 发布日期.

⑥国际、国家标准:[序号] 标准代号, 标准名称 [S]. 出版地:出版者, 出版年.

此外,参考文献引用和著录应全文统一。所引参考文献编号用阿拉伯数字置于方括号中,如:……成果 [1],或置于所引内容最末句的右上角。当提及的参考文献为文中直接说明的内容时,其序号应该与正文排齐。一般不得将引用参考文献引用标示置于各级标题处。毕业设计模板中参考文献图例如图 3-7 所示。

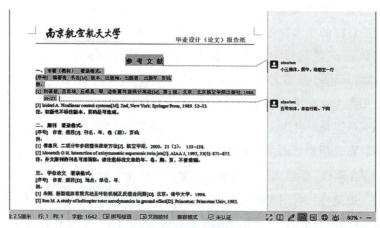

图 3-7 参考文献图例

8. 注释

论文中有个别名词或情况需要解释时,可加注释说明。注释用于页末注(将注文放在加注页的下端)或篇末注(将全部注文集中在文章末尾),不用行中注(夹在正文中的注)。若在同一页中有两个及以上的注时,按各注出现的先后顺序编列注号,注释只限于写在注释符号出现的同页,不得隔页。注释一般用于强调、提醒或者补充说明。

9. 附录

论文的附录序号一般用大写英文字母表示,如"附录 A、附录 B"。附录中的图、表、式等另行编号,与正文分开,一律用阿拉伯数字编码,但应在数码前冠以附录序码,如图 A1、表 B2、式(B3)等。

10. 其他

大论文中还有一些其他元素,如致谢、图片、名词简称、索引、表等。致谢一般没有固定的格式;图片、名词简称、索引、表用于快速定位论文中的图片和专有名词,无固定要求,在此不赘述。另外,关于其他格式方面的要求,以下以南京航空航天大学毕业论文为例。

(1)页边距:上边距 2.8cm;下边距 2.2cm;左边距 3.0cm;右边距 2.0cm。

(2)装订线 0cm,页眉 1.8cm,页脚 1.4cm。

(3)打印方式设置:A4 纸纵向、双面打印。

(4)页眉和页码:

① 页眉:奇数页,论文题目;偶数页,某大学本科毕业论文(设计);居中。

② 页码:绪论至附录用阿拉伯数字连续编排,页码位于页脚右侧;封面、中英文设计说明(论文摘要)和目录不编入论文页码。

3.1.2 中文期刊小论文

期刊小论文一般包括中文和英文小论文两类。中文期刊小论文是大论文的一个"缩影",基本要素也包括标题、摘要、关键词、正文、注释、参考文献等,格式和要求也类似,在此不赘述。但也有一些其他要素,比如作者简介,一般介绍作者在学术性方面的工作和取得的成绩,对于学生作者来说,一般提供所在学校、研究方向等方面信息。此外,与大论文章节部分撰写不一样,小论文比较短,正文篇幅与大论文某一章的篇幅相当,撰写模式也不一样,一般可总结一些模板进行辅助撰写。由于期刊版面有限制,小论文讲究凝练,而且是高度凝练,在遣词造句、图表制作等方面需要反复琢磨和修改,突出小论文的创新点,创新大于形式,这一点在小论文上可以得到集中体现。小论文创新点不够,写得再规范和充实都无意义。前文在文献获取部分也对小论文有一定介绍,在此不赘述。下面对某期刊小论文撰写模板中的要求进行示意。

1. 字体和字号

(1)题目:黑体小 2 号,居中。

(2)作者和单位:宋体 4 号。

（3）指导教师及其姓名：宋体4号，间隔3空。

（4）摘要和关键词：黑体5号。

（5）摘要和关键词内容：宋体5号。

（6）正文内容：宋体小4号。

（7）参考文献：黑体5号。

（8）参考文献内容：宋体5号。

2. 标题

标题层次采用阿拉伯数字分级编号，例如，一级标题1，二级标题1.1，三级标题1.1.1，编号左起顶格书写。

3. 摘要

摘要扼要说明研究工作的目的、主要内容和方法、研究结果、结论、科学意义或应用价值等，是一篇具有独立性和完整性的短文。要排除在主题领域已成为常识的内容，删除无意义或不必要的词，不要简单地重复标题中已有的信息。通常不分段，研究过程、方法和结果应客观声明。

4. 关键词

关键词是反映论文主题的单词或短语，通常以不同于文本的字体大小排列在摘要下方。每篇文章有3~8个关键词，由分号分隔并且按术语的扩展（概念范围）级别从大到小排列。关键字应使用涵盖论文主要内容的通用技术术语，尽可能选自国家标准"汉语主题标题"。

5. 参考文献

只列文中引用的公开发表的文献（未公开出版的用脚注说明），按文中出现的先后次序列出。

3.1.3 英文期刊小论文

英文期刊小论文和中文期刊小论文要求类似，有标准的投稿模板和要求。例如，某英文期刊对格式的要求如下。

1. 基本版面

（1）正文、标题、作者联络信息和图表中的文字：Times New Roman 12号字，同时根据需要使用同类字体中的粗体、斜体。

（2）页面选用 A4 纸，上、下页边距 3.5cm，左、右页边距为 3.25cm。

（3）论文内容宽不得超过 14.5cm，长不得超过 22.5cm，单倍行距。

（4）论文正文和文后所附图例均需添加页码，页码为阿拉伯数字，位于页面下方居中。

（5）标题以最简洁的语言概括文章内容，如果标题较长，那么需采用子标题 title: subtitle 的形式。

2. 公式和单位

数学公式不得手写，须用公式编辑器编辑的打印版。若公式被多次引用，应设定编号；公式之间，以及公式和正文之间应空一行。文中所用的度量衡单位应为国际单位，可在括号内列出对应的其他单位。

3. 图表标题说明和图例

插入的图表应以出现顺序编号（图1、图2、表1、表2）。图的标题、序号应位于图的下方；表的标题、序号应位于表格上方。图表可插入正文或者集中放在文后。如果在正文中插入图，尽量放在页面顶部或尾部。插图中不要带阴影或底纹，否则会影响效果。

4. 作者简介及联络信息

针对某位作者或所有作者，应提供作者全名、学术经历、研究方向、取得的荣誉、电子邮箱等。

5. 参考文献

所有引用均为单倍间距，位于文章末尾，按第一作者姓氏的字母顺序排列。参考文献应在正文中引用，如果正文中没有引用，则将文献列入文章最后的附加信息部分，或者相关材料部分。

6. 英文题名的注意事项

英文标题使用短语作为主要形式，其中名词短语最常见，即标题基本上由一个或几个名词加上介词和/或后置词组组成。一般来说不用陈述句，因为陈述句很容易使标题具有判断性语义。在少数情况下（评述性，综述性和驳斥性），可以使用问题制作标题，因为疑问句具有探索性语气并易吸引读者的兴趣。同一篇论文的英文标题应与中文标题内容一致，无须一一对应。在许多情况下，可以省略或改变单个非实质性词语。此外，英文标题中尽量省略无用冠词。

英文小论文撰写的格式可参照 IEEE 官方论文模板。

3.2 Word 的使用技巧

将科学研究整理成报告或论文对于学术成果分享至关重要。Word 是目前流行的文字处理和编辑器。在此针对科技论文、报告等撰写过程中常用的 Word 技巧进行一些梳理和补充，如字体和段落、文档结构图、交叉引用、分节符与页码、目录生成、文档格式转换等。

3.2.1 字体和段落

Word 字体和段落的设置是最基本的操作技巧，需要熟练掌握。

（1）字体：选中需要修改的文字，在【开始】中找到【字体】选项，选择所需的修改操作（如大小、颜色、加粗、斜体等），进行修改。此外，也可在菜单栏的字体设置部分使用快捷键直接修改。图 3-8 为功能区字体设置页面。

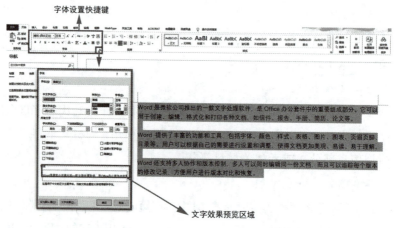

图 3-8 功能区字体设置页面

（2）段落：选中需要修改的文字，在【开始】中找到【段落】选项，选择所需的修改操作（如对齐方式、缩进、间距等），进行修改。此外，也可以在菜单栏的段落设置部分使用快捷键直接修改。段落设置页面如

图 3-9 所示。

字体和段落设置均可在选中文字后通过单击鼠标右键找到对应选项进行设置。

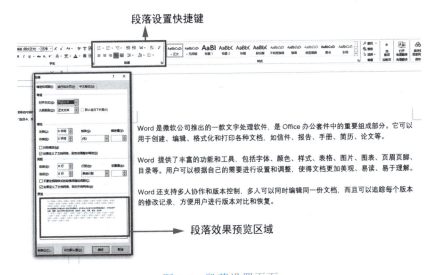

图 3-9　段落设置页面

3.2.2　文档结构图

文档结构图是一个完全独立的窗格,它由文档各个不同级别的标题组成,显示整个文档的层次结构,可以对整个文档进行快速浏览和定位。在撰写论文和报告时起到"总揽全局"的作用。它的操作流程如下。

(1) 设置大纲级别。在功能栏区的【视图】中选择【大纲视图】,界面将自动跳转到【大纲显示】部分,根据需求将选中的标题设置为对应级别,如图 3-10 所示。

(2) 在功能栏区的【视图】中选择【显示级别】,勾选【显示文本格式】预览文档结构效果,如图 3-11 所示,最后选择【关闭大纲视图】回到页面视图,完成设置。

(3) 完成设置后,在功能栏区的【视图】中勾选【导航窗格】,选中其中的【标题】,即可查看标题导航。

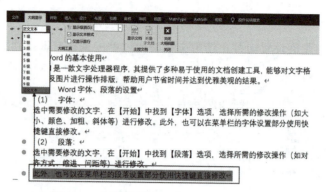

图 3-10　文档结构——大纲级别设置图例

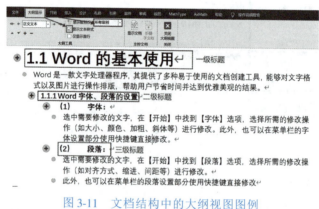

图 3-11　文档结构中的大纲视图图例

3.2.3　交叉引用

交叉引用是 Word 中常用的自动化工具，它可以通过一个符号标签引用文档中某个对象的编号、页码或标题等信息，且无论后期怎样修改文章结构，隐藏在正文中的文字都不用再做修改，这种功能对于编写大型文档是至关重要的。

1. 基于插入题注的交叉引用

交叉引用是对文档中其他位置内容（如撰写论文时的图片和参考文献等）的引用，单击编号即可链接到对应的图片或文献，是科技论文写作中必备的技能。具体操作方法如下。

（1）选中需要交叉引用的图片或文字，在【引用】中选择【插入题注】，编辑好题注内容，选择对应标签，即可在相应位置看到题注，如图3-12所示。

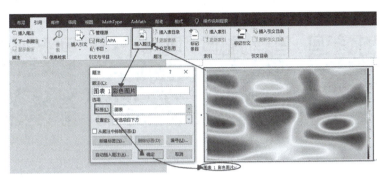

图3-12　交叉引用设置中题注编辑和插入图例

（2）找到需要交叉引用的位置，在【引用】中选择【交叉引用】，按照需求选择引用类型及内容，随后单击插入按钮即可，如图3-13所示。

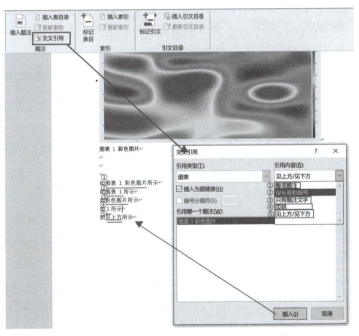

图3-13　交叉引用图例

2. 视频操作讲解：交叉引用

图 3-14 分别为对图片、公式、表格及参考文献进行交叉引用的示例视频。

（a）图片　　　　（b）公式　　　　（c）表格　　　　（d）参考文献

图 3-14　交叉引用示例视频

3.2.4　分节符和页码

分节符是在编辑文档页面格式时常使用的格式标记，分节符可以让文章有不同的页码格式和页眉页脚。假如一篇文章前言不需要页码，目录页码和正文页码需要用不同格式，可用分节符实现。这类问题的本质是"从第 2 页开始编页码"，具体操作在后面会详细讲述。

分节符一般可以分为下一页、连续、偶数页、奇数页，具体功能如下。

（1）"下一页"：插入分节符，并在下一页开始新节。

（2）"连续"：插入分节符，并在同一页开始新节。

（3）"奇数页" / "偶数页"：插入分节符，并在下一个奇数页或偶数页开始新节。

对分节符的具体操作：

（1）找到分节符的位置：打开【Word】→【布局】→【分隔符】→【分节符】。若分节符没有显示，则单击文件，打开 Word 选项，显示选项中勾选显示所有格式标记，分隔符成功显示，如图 3-15 所示。

（2）根据分节符种类进行具体操作：单击需要插入分节符的位置，选择相应的分节符，双击分节符，即可设置该节的格式。此设置不影响分节符之后的页面。删除分节符：选择【视图】→【大纲】，选中【分节符】标志，按【删除】键。

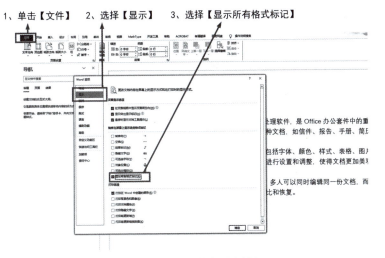

图 3-15　分节符的勾选图例

1. 另起一页

Word 文档在一页写完内容，再"另起一页"写其他内容时，一般通过插入分页符或者分节符实现：单击【布局】选项，在布局菜单下单击【分隔符】，选择分页符或者分节符中的下一页，如图 3-16 所示。另外，可以设置显示编辑标记，当插入分页符后（若选择分节符中的下一页，则插入分节符），光标会自动移动到下一页中。

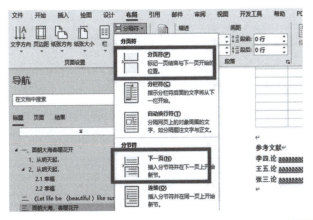

图 3-16　通过分页符或分节符中的下一页实现另起一页图例

2. 从第 2 页开始编页码

"从第 2 页开始编页码"主要有以下几个步骤。

（1）插入分节符：在需要设置为第一页的页面最上方插入下一页的分节符：【布局】→【分隔符】→【分节符】→【下一页】，如图 3-17 所示。

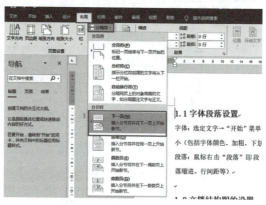

图 3-17 插入分节符"下一页"图例

（2）断开节与节的链接：双击需要设置为第一页的页面的页脚，出现【页眉和页脚工具】选项卡，单击工具栏上的【链接到前一条页眉】，使按钮的"灰色"消失，如图 3-18 所示。

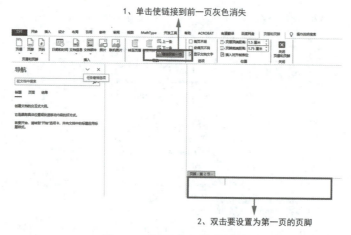

图 3-18 断开节与节的链接

（3）插入页码：在当前页插入页码，【插入】→【页码】→【页面底端】，选择需要插入的页码样式，如图 3-19 所示。

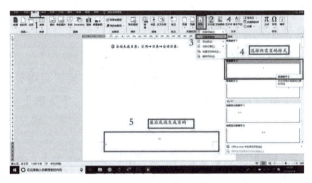

图 3-19　插入页码图例

（4）修改页码起始编号：插入页码后，双击当前页的页脚，【页眉和页脚工具】→【页码】→【设置页码格式】，如图 3-20 所示，将【续前节】改为【起始页码：1】，如图 3-21 所示。

图 3-20　设置页码格式图例

图 3-21　起始页码修改图例

3. 视频操作讲解：页码设置

从任意页开始插入页码

从任意页开始插入页码的步骤可扫描旁边二维码观看视频操作讲解。

4. 双面打印中的奇偶页页码设置

论文经常使用双面打印，双面打印时奇偶页的页码位置一般呈现"一左一右"的交替状态，具体设置方法如下。

（1）设置奇数页页码。如图 3-22 所示，双击奇数页页脚处，在页眉页脚功能栏中勾选【奇偶页不同】，如图 3-23 所示，单击【页脚】，选择页码在右侧的格式，奇数页页码设置完毕。

图 3-22　奇数页页码设置图例

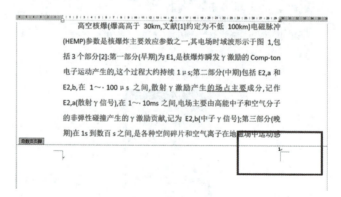

图 3-23　奇数页页码图例

（2）设置偶数页页码。偶数页页码设置方式与奇数页设置一样，但在选择格式时要选择页码在左侧，如图 3-24 所示。

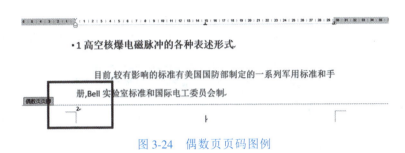

图 3-24　偶数页页码图例

如果不需要区分页码的"左右"，通常选择页码"居中"即可。具体操作需要根据文档要求选择。

3.2.5　目录生成

一般来说，设置了分标题的文档，其内容层次较多，体系较复杂，通常需设置目录。设置目录一方面可使文档内容"一目了然"，读者能在阅读之前对全文结构有大致了解；另一方面方便查询，为读者选读论文中某个分论点提供便利，节省时间。例如，按住 Ctrl 键，单击目录某一行，可快速跳转到该目录所在章节位置。

1. 编制目录注意事项及步骤

目录一般放置在论文正文前，因而也是论文的"导读图"，编制目录需注意以下事项。

（1）准确。目录必须与全文的纲目一致，存在一一对应关系。纲目即文档结构图，通过章、节（即大标题、小标题）等级别体现。

（2）清楚无误。目录应逐一标注该行内容在正文中的页码。因此，正文的页码需提前设置好。

（3）完整。既然目录是论文的导读图，因而必然要求具有完整性。也就是要求文章的各项内容都应在目录中反映出来，不得遗漏。

生成目录的具体步骤如下。

（1）设置标题样式：【开始】→【样式】→【标题】，为每级标题设置好样式。

（2）插入页码：【插入】→【页码】→【页面底端】，选择要插入的页码样式。

（3）自动生成：【引用】→【目录】→【自动目录】，如图3-25所示。

图 3-25　目录设置

生成目录后，可将目录剪切至相应位置，或者直接在文档正文前面需要的位置生成。此外，当修改页码、标题文本、顺序或者级别后，需要将修改内容重新更新至目录，考虑以下三种方法。

（1）通过快捷键"F9"更新。将光标置于目录中，按【F9】键，打开"更新目录"对话框，根据需要选择【只更新页码】或【更新整个目录】任一选项，单击【确定】按钮即可完成对目录的更新。

（2）通过鼠标右键+"更新域"更新。将光标置于目录中，单击鼠标右键，在弹出的快捷菜单中选择【更新域】命令，同样打开"更新目录"对话框，根据需要选择【只更新页码】或【更新整个目录】任一选项，单击【确定】按钮即可完成对目录的更新。

（3）通过选项卡命令"更新目录"更新。如图3-26所示，单击【引用】→【目录】→【更新目录】按钮，打开"更新目录"对话框，后续操作同前。

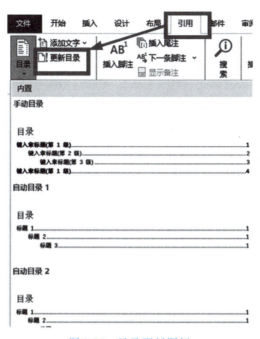

图3-26　目录更新图例

2. 视频操作讲解：目录生成

生成目录的步骤和相关情况可通过扫描旁边二维码观看操作进一步了解。

目录生成

3.2.6　文档格式转换

在进行文档编辑的过程中有时需要进行文档格式转换，下面介绍几种常见的转换场景和方法。

1. 转PDF格式

PDF格式可保证显示效果一致，防止篡改等，因此，常将Word、PPT、Excel等文档转换为PDF格式。目前，较新版本的Word、PPT、Excel软件都自带了PDF格式转换功能。还可以采取在线格式转换方法，如网站cn.office-converter提供了"在线转换文档成PDF"功能。此外，还可以通过虚拟打印机方法转换为 PDF 格式文件，如在百度中搜索"PDF 虚拟打印机"可找到相关软件。

2. 转 Excel 格式

将 TXT、Word、PDF 等文件转换为 Excel 格式可以通过在线网站实现，也可以通过软件实现。

（1）TXT 转 Excel 格式。打开 Excel，单击【数据】→【自文本】，选择需要转换的 TXT 文件，导入转换。

（2）Word 转 Excel 格式。打开 Word 中的菜单：【表格】→【将文本转换为表格】进行转换。

（3）PDF 转 Excel 格式。通过 AnyBizSoft PDF Converter 软件将 PDF 文件转换为 Excel 格式。

（4）PPT 转 Excel 格式。通过"迅捷转换器"软件将 PPT 转换为 Excel 格式。

3. 转 Word 格式

将图片、PDF 等不可编辑格式文件转为 Word 文件十分常见，但转换情况也相对复杂。有文字型 PDF（文字可直接选取）和图片型 PDF（比如扫描获得的 PDF，实质是图片，文字无法直接选取）两种，前者转换简单，后者相对困难。文字型 PDF 转换为 Word 文件的方法如下。

（1）Smallpdf 网站：该网站专注于 PDF 相关格式转换，PDF 转 Word 是其提供的众多功能中的一个。

（2）较新版的 Word：较新版本的 Word（2013 版之后）内置了打开和编辑 PDF 文件的功能，可将文字型 PDF 直接转换为 Word 格式。用 Word 软件打开 PDF 文档，直接另存为 Word 格式。另外，扫描型 PDF 转 Word，一般需用到具有 OCR 功能的识别软件，推荐使用 ABBYY FineReader。

此外，JPG 格式的图片转 Word 有两个思路：一是首先将图片粘贴到 Word 文档里，然后将 Word 文档转换为 PDF 格式，再将 PDF 格式用 ABBYY FineReader 转换为可供编辑的 Word 格式；二是用在线转换工具或清华紫光出品的 OCR 软件进行转换。

中国知网下载的 CAJ 格式论文转 Word 需通过单击【选择文本】+【复

制粘贴】的方式,"手动"转换实现,包括设置题目层级及格式、修改乱码、还原公式及图片、交叉引用等。

转换工具转换格式后,需仔细进行检查和修改。

3.3 LaTeX 的使用技巧

LaTeX 是一种基于 TeX 的排版系统,其具有排版格式转化灵活的特性,在期刊、投稿、会议、书籍出版等文字的编辑方面广受青睐。LaTeX 编辑复杂公式和表格更加简单方便,插入图片方式也更加灵活,这将节省科研人员编辑文字的时间和精力。因而在科研工作中掌握 LaTeX 的使用十分重要。本节首先介绍 LaTeX 的下载与安装,LaTeX 的使用方法和常用模板;然后以 IEEE 模板为例介绍 LaTeX 中 MATLAB 图的保存技巧;最后说明 LaTeX 编译时的常见问题。

3.3.1 TeXstudio 的下载和安装

TeXstudio 是 TeX 的集成开发环境,可在 TeXstudio 官网进行下载安装,完成下载后,TeXstudio 需进行基本环境的设置。

(1) TeXstudio 配置中文环境:在界面的【Options】→【Configure TeXstudio】中找到【General】→【Language】,选择【zh_CN】,最后单击右下角的【OK】按钮即可完成设置,如图 3-27 所示。

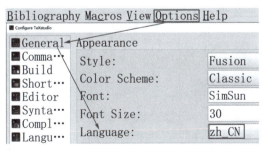

图 3-27　TeXstudio 配置中文环境

(2) TeXstudio 编辑工具设置:在界面的【选项】→【设置 TeXstudio】中找到【构建】,【默认编译器】选择【XeLaTeX】,【默认文献工具】选择

【BibTeX】，最后单击右下角的【OK】按钮即可完成设置，如图3-28所示。

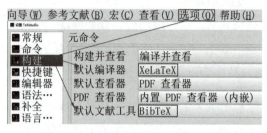

图3-28　TeXstudio编辑工具设置图例

3.3.2　LaTeX使用方法

LaTeX排版需要使用编辑器来输入指令和文本内容，目前主要的编辑器有TexMaker、TexWorks、WinEdt、TeXstudio等，使用者可以根据偏好选择不同风格的编辑器。本节主要以TeXstudio编辑器为例进行介绍。

1. TeXstudio编辑器基本页面介绍

TeXstudio主要分为文档结构浏览区、语句书写区、PDF预览区三大功能区，如图3-29所示。

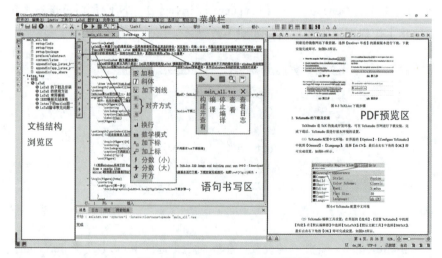

图3-29　TeXstudio工作界面图例

文档结构浏览区 用于显示文档结构目录，单击对应目录即可跳转到对应代码语句，进行代码编写。

语句书写区 用于书写代码语句。区域左侧提供了一些快捷代码输入选择，如图 3-29 所示。

PDF 预览区 用于显示代码语句编译成功后的 PDF。

此外，TeXstudio 还提供了一些帮助提高效率的快捷输入选择，如图 3-30 所示。

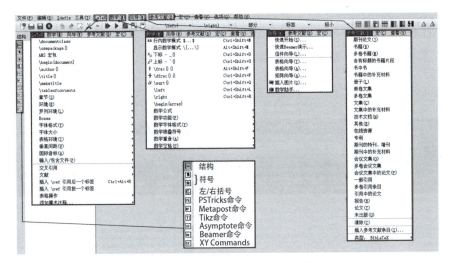

图 3-30　TeXstudio 的快捷使用图例

2. LaTeX 语句

LaTeX 源文件的每一行称作一条语句，语句分为【命令】、【数据】和【注释】三种。

【命令】分为【普通命令】和【环境命令】。【普通命令】以反斜杠 "\" 起，大多只有一行，花括号 "{}" 包含的内容是命令的参数；【环境命令】包含一对起始声明和结尾声明，用于多行的场景。

【数据】即是普通内容。【注释】则以 "％" 起，用以释义对应的语句。

LaTeX 的常用语法包括文档结构设置、章节目录设置、文字排版等，详细内容见 "LaTeX 常用模板"。

3.3.3 LaTeX 常用模板

为进一步减小 LaTeX 文字排版方面的工作量，使用者可直接借助 LaTeX 模板插入文字、公式、图表等操作，生成与给定模板形式类似的文章或者书籍，这将显著提高写作效率。下面对 LaTeX 常用的英文期刊模板（IEEE）和中文期刊模板（《物理学报》）进行详细介绍。

1. 英文期刊：以 IEEE 英文期刊为例

IEEE 期刊模板可扫描旁边二维码进行下载。

（1）进入 IEEE 模板下载页面，如图 3-31 所示。根据所需模板类型，单击右上角的不同类别查找模板，最后选择模板下载。其中，下载 ZIP 格式文件适用于 Windows 系统，TAR 格式适用于 Linux 系统。

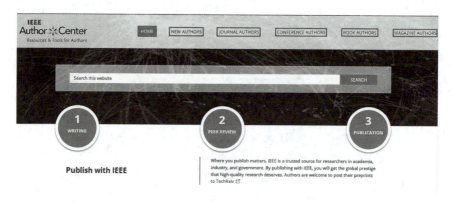

图 3-31　IEEE 期刊模板下载界面图例

（2）下载好文件后进行解压，单击其中的 "main.tex" 文件在编辑器中打开。单击【构建并查看】图标即可编译并查看生成的 PDF，如图 3-32 所示。

2. 中文期刊：以《物理学报》为例

《物理学报》模板可扫描旁边二维码进行下载。

（1）进入《物理学报》官网，选择【作者中心】下的【《物理学报》论文写作参考（latex 模板）】进行下载，如图 3-33 所示。

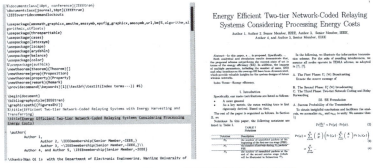

图 3-32　一种 IEEE 模板编译完成效果图

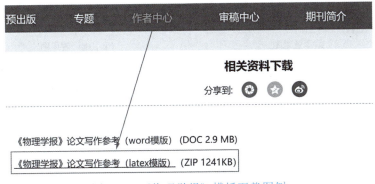

图 3-33　《物理学报》模板下载图例

（2）下载好文件后进行解压，单击其中的 template.tex 文件在编辑器中打开。单击【构建并查看】图标即可编译并查看生成的 PDF，如图 3-34 所示。

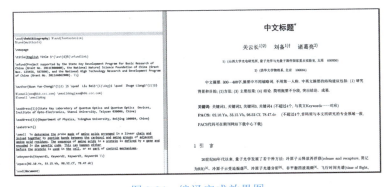

图 3-34　编译完成效果图

3.3.4 LaTeX 实战演练

本节主要详细介绍 IEEE 论文模板各部分代码的使用方法及其注意事项（部分代码使用所需辅助宏包详见附录）。首先，打开.tex 文档，单击【构建并查看】图标进行编译，无误后可查看 PDF 文档，如图 3-35 所示。

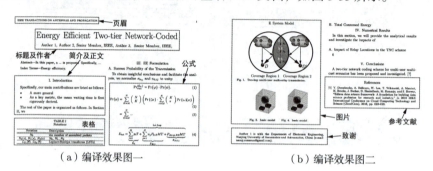

（a）编译效果图一　　　　　　　　　　（b）编译效果图二

图 3-35　IEEE 编译的 PDF 图例

LaTeX 源文件结构通常分为文档类声明、序言（可选）和正文。

3.3.4.1 文档类声明

文档类声明:documentclass[选项]{文档类型}

【文档类型】部分可填充语句，如表 3-1 所示，【选项】部分可填充语句，如表 3-2 所示。

表 3-1　文档类型

文档类型语句	使用场景
article	排版科技期刊、短报告、程序文档、邀请函等
report	排版多章节的长报告、短篇的书籍、博士论文等
book	排版书籍
slides	排版幻灯片

表 3-2　选项

选项语句	作　用
10pt,11pt,12pt	正文字号，默认 10pt
letterpaper,a4paper,	纸张尺寸

续表

选项语句	作用
notitlepage,titlepage	标题后是否另起新页，article 默认 notitlepage，report 和 book 默认 titlepage
onecolum,twocolum	单栏双栏，默认单栏
oneside,twoside	单面双面，article、report 默认单面页码在左边，book 默认双面，奇数页码在左边，偶数页码在右边
landscape,portrait	纸张方向，默认纵向
openany,openright	新章开始，默认值为 openright，即新章开始于奇数页，openany 每章仅从新的一页开始，不分奇偶页
draft,final	草稿/定稿，默认为 final，如果为 draft，页面内容溢出时显示粗黑线

3.3.4.2 序言

序言部分主要介绍宏包的加载、标题及作者等信息的添加。

1. 宏包的加载

LaTeX 的核心只提供基本功能，因此许多命令的使用需通过语句"\usepackage[选项]{宏包}"引入宏包以提供附加功能或增强原有功能，常用宏包简介见附录。

2. 标题及作者信息等信息的添加

在正式书写正文内容之前，需添加标题及作者信息等相关语句，如表 3-3 所示。

表 3-3　标题部分常用语句

命令	含义
\title	标题
\author	作者
\date	日期
\maketitle	建立标题部分（放在以上三种语句之后使用）
\markboth	页眉

3.3.4.3 正文

LaTeX 正文部分以语句"\begin{document}"起，以语句"\end{document}"止，正文内容在两语句中间添加，根据需求可添加文章排版、文字排版、插入数学公式、插入图片等语句。

1. 文章排版语句

1）目录部分

LaTeX 会自动收集章节命令定义的各章节标题，常用的命令如表 3-4 所示。

表 3-4　目录部分常用命令

命 令	作 用
\tablepfcontents	直接生成整个文档目录（LaTeX 会自动设定目录包含的章节）
\setcounter{ }	指定目录层次深度
\chapter*{ }	使章节标题不出现在目录中
\listoffigures	生成图片目录

2）摘要部分

LaTeX 摘要部分以语句"\begin{abstract}"起，以语句"\end{abstract}"止，摘要内容在两语句中间添加，例如：

```
1  \begin{abstract}
2  摘要
3  \end{abstract}
```

3）章节部分

LaTeX 的标准文档类可以划分 6~7 个层次的章节，如表 3-5 所示。

表 3-5　章节部分常用命令

命 令	含 义
\part{部分标题}	
\chapter{章标题}	章内容
\section{节标题}	节内容
\subsection{小节标题}	小节内容
\subsubsection{子节标题}	子节内容
\paragraph{段标题}	段内容
\subparagraph{小段标题}	小段内容

注：article 格式不支持使用，chapter、report 和 book 格式支持所有层次。

4）列表部分

列表是常用的本文格式。LaTeX 标准文档类提供了无编号列表的 itemize 环境、带编号列表的 enumerate 环境和带标签列表的 description 环境三种列表环境。在列表环境内部使用\item 命令开始一个列表项，它可以带一个可选参数表示手动编号或关键字，如表 3-6 所示。

表 3-6 列表部分常用命令

列表名称	命 令	编译结果
无编号列表	\begin{itemize} \item 列表 1 \item 列表 2 \end{itemize}	• 列表 1 • 列表 2
带编号列表	\begin{enumerate}[1.] \item 列表 1 \item 列表 2 \end{enumerate}	1. 列表 2. 列表
带标签列表	\begin{description} \item[描述列表] 列表 1 \item[描述列表] 列表 2 \end{description}	描述列表列表 1 描述列表列表 2

5）致谢部分

LaTeX 的致谢部分可使用\thanks 命令，例如：

```
\thanks{Author 1 is with the Department of Electronic Engineering,
    Nanjing University of Aeronautics and Astronautics, China （e-
    mail: nanqi.commun@gmail.com）.}
```

6）参考文献部分

LaTeX 的参考文献有两种写作方式：一种是 LaTeX 本身提供的基本命令；另一种是通过添加 BibTeX 文件辅助完成的命令。两种方式的写作命令编译后效果相同，且均可通过"\cite{引用标签}"语句在正文中进行标注，具体命令如下所示。

- LaTeX 提供的参考文献命令

```
1  \begin{thebibliography}{最大可
       引用参考文献数目}
2  \bibitem[显示符号]{引用标签} R.
       U. Nabar, H. Bolcskei,
       and F. W. Kneubuhler,
3  "Fading relaychannels:
4  Performance limits and
5  space-time signal design,"
6  2004.
7  \end{thebibliography}
```

- BibTeX 文件中需要写入的参考文献命令

```
1  @inproceedings{Nabar2004Fading,
       title={Fading relay
       channels: Performance
       limits and space-time
       signal design},author={
       Nabar, R. U and Bolcskei,
       H and Kneubuhler, F. W},
       year={2004},}
```

注：BibTeX 文件中"Nabar2004Fading"为引用标签名称，"inproceedings"为参考文献类型，使用时需在正文结尾部分添加"\bibliography{BibTeX 文件名称（即×××.bib）}"语句，用于生成参考文献列表。

本节提供两种格式的参考文献信息复制方法，英文文章作为参考文献插入时其代码可在 IEEE 官网复制，中文文献与英文文献格式类似，可在"百度学术"官网复制。可通过扫描旁边二维码观看视频进一步了解。

参考文献复制教程二维码

2. 文字排版语句

1）换行、换页和断词

文档排版时往往要求每一行长度相同，LaTeX 为了对整段文档进行优化，将插入必要的换行命令。另外，LaTeX 的断词算法通常不需要人为干预，不过仍然有一些特殊的单词是 LaTeX 不能正确处理的，此时可以在单词中使用\hyphenation 命令设置断点，如表 3-7 所示。

表 3-7　换行、换页和断词常用命令

命　　令	作　　用
\\	强制换行
\newline	强制换行
\newpage	强制换页
\hyphenation{BASIC bar-bar}	断词（BASIC 不能断开，bar-bar 可以在-处断开）

2）段落对齐

LaTeX 提供了三种环境以排版不同对齐方式的文字，分别为 flushleft 环境左对齐、flushright 环境右对齐和 center 环境居中，如表 3-8 所示。上述环境会在段落前后增加一小段垂直间距以示强调，对于少量的段落，它们不会影响前后的文字。

表 3-8　段落对齐常用命令

段落左对齐	段落右对齐	段落居中
\begin{flushleft}	\begin{flushright}	\begin{flushcenter}
段落	段落	段落
\end{flushleft}	\end{flushright}	\end{flushcenter}

3. 数学模式输入

LaTeX 中输入文档有两种模式，即文本模式（默认模式）和数学模式。数学模式下的字符输入又分为行内公式和行间公式两种形式，每种形式都提供了三种语句进行编写（编译之后显示效果相同），如表 3-9 所示。

表 3-9　数学模式输入语句

行 内 公 式	行 间 公 式
$...$	$$...$$
\(...\)	\[...\]
\begin{math}...\end{math}	\begin{displaymath}...\end{displaymath}

以"抛物线 $y^2 = 2px$ 的切线方程"这一语句为例，不同形式下的编译效果如下。

- 行内公式

```
1  抛物线\begin{math}
2  y^{2}=2px
3  \end{math}的切线方程
```

抛物线 $y^2 = 2px$ 的切线方程

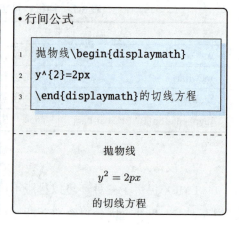

- 行间公式

```
1  抛物线\begin{displaymath}
2  y^{2}=2px
3  \end{displaymath}的切线方程
```

抛物线

$$y^2 = 2px$$

的切线方程

1）不同类型等式的代码

- 单行等式

```
1  \begin{equation}{a}={b}\end{equation}
```

$$a = b \tag{3-1}$$

- 多行等式

```
1  \begin{align}
2  {\Pr} & =\sum\limits_
3  {K = M}^N
4  \\& =a...\vspace{-0.3em}
5  \end{align}
```

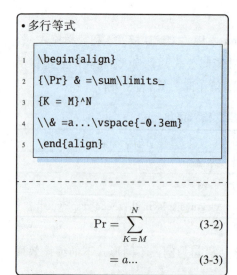

$$\Pr = \sum_{K=M}^{N} \tag{3-2}$$
$$= a... \tag{3-3}$$

- 带标注等式

```
1  \begin{flalign}
2  {E}&=\overbrace {\underbrace
3  {a}_{{k}} + {{b}} }^{m}
4  \end{flalign}
```

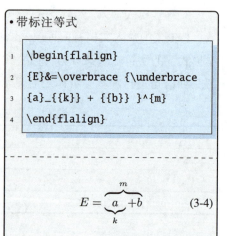

$$E = \overbrace{\underbrace{a}_{k} + b}^{m} \tag{3-4}$$

2）字符输入

文档中可输入字符分为普通字符、控制字符、特殊符号、注音符号、预定义字符串等，如表 3-10 所示。

表 3-10　常用控制字符

输入命令	\#	\$	\%	\{	\}	\&	_	\^{}	\~{}	\textbackslash
输出命令	#	$	%	{	}	&	_	^	~	\

4. 插入图片

插入图片功能是利用 TeX 的特定编译程序实现的，不同的编译程序支持不同的图形方式。在 LaTeX 中，插图的核心命令是\includegraphics，插图步骤如下。

（1）图片插入基础命令。

\includegraphics[width= 图片宽度,height= 图片高度]{图片位置}

此命令可以用于插入 BMP、JPG、PNG、WMF 等格式的图片（栅格图像建议使用 BMP 或 JPG 格式，矢量图形建议使用 WMF 格式）。

（2）图片插入不失真（提高清晰度）。图片需另存为.PDF 格式，图片插入指令不变，但另需添加 graphicx 宏包辅助完成。

（3）不同类型图片插入的代码。

- 单栏图片（图 3-36）

```
1  \begin{figure}[H]
2  \centering
3  \includegraphics[width=0.3\textwidth,trim=0 0 0 0,clip]{图片位置}
4  \caption{单栏图片}
5  \label{fig:}
6  \end{figure}
```

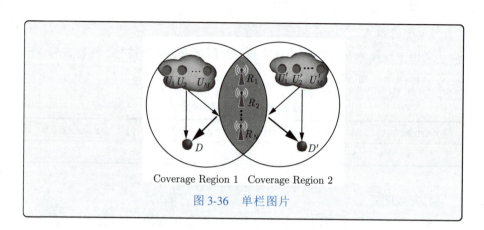

图 3-36 单栏图片

- 双栏图片（图 3-37 与图 3-38）

```
1  \begin{figure}[H]
2  \centering
3  \subfigure{
4  \begin{minipage}[t]{0.35\
       linewidth}
5  \centering
6  \includegraphics[width=1in]{图
       片位置}
7  \caption{双栏图片1}
8  \end{minipage}}
```

```
1  \subfigure{
2  \begin{minipage}[t]{0.35\
       linewidth}
3  \centering
4  \includegraphics[width=1in]{图
       片位置}
5  \caption{双栏图片2}
6  \end{minipage}}
7  \end{figure}
8
```

图 3-37 双栏图片1　　　　　　图 3-38 双栏图片2

5. 插入表格

通过书写语句的方式在 LaTeX 中编辑表格较为烦琐，因此本节提供在线编辑表格的网页在线绘制表格完成后，只需将网页自动生成的语句复制到 LaTeX 中。LaTeX 表格在线编辑界面如图 3-39 所示。

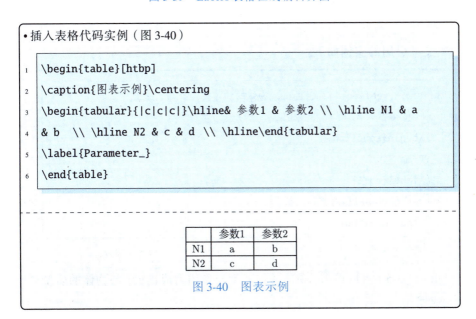

图 3-39　LaTeX 表格在线编辑界面

- 插入表格代码实例（图 3-40）

```
1  \begin{table}[htbp]
2  \caption{图表示例}\centering
3  \begin{tabular}{|c|c|c|}\hline& 参数1 & 参数2 \\ \hline N1 & a
4  & b  \\ \hline N2 & c & d \\ \hline\end{tabular}
5  \label{Parameter_}
6  \end{table}
```

图 3-40　图表示例

3.3.4.4　其他技巧

LaTeX 编写文档时还有很多常用命令，如交叉引用、浮动体、插入程序代码等，下面详细介绍这几种命令的使用方法。

1. 交叉引用

交叉引用相关语句如表 3-11 所示。其中【书签名】是作者为该书签命令所起的名字，以便区别于其他书签命令。书签名通常是由英文字母（区分大小写）和数字组成的字符串。

表3-11 交叉引用相关语句

命令	作用
\label{书签名}	书签命令，不生成任何文本，但记录文本所在位置，插在被引用对象，如章节、图表标题等中，随着引用对象位置的移动而移动
\ref{书签名}	序号引用命令，插在引用处，用于引用书签命令"\label"所在标题或环境的序号，或文本所在章节的序号
\pageref{书签名}	页码引用命令，插在引用处，用于引用书签命令所在的页面页码

交叉引用的实例如下。

```
1  由公式\ref{eq:1}可以得出，物体的加速度与作用力成正比，与物体的质
     量成反比。
2  \begin{equation}
3  F=ma
4  \label{eq:1}
5  %使用\label{}对被引用处先标记
6  \end{equation}
```

由式（3-5）可以得出，物体的加速度与作用力成正比，与物体的质量成反比。

$$F = ma \tag{3-5}$$

2. 浮动体

在 LaTeX 中插入图片和表格时，如果插入的对象过大，系统会默认在新的页面插入，这样易导致不合理的分页或者大块的空白，影响阅读。此时可通过调用浮动体把图表等"浮动"到下一页，与此同时当前页面用正文文本填充。

1）调用浮动体

LaTeX 提供 figure（用于图片）和 table（用于表格）两种浮动体环境。两种环境调用浮动体的基本语句如下。

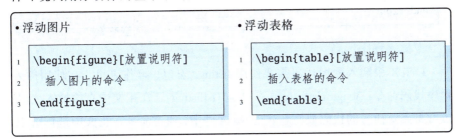

【放置说明符】由浮动允许放置参量写成的字符串组成,可放置变量如下。

（1）h：表示 here，此类浮动体称为文中的浮动体。

（2）t：表示 top，此类浮动体会尝试放在一页的顶部。

（3）b：表示 bottom，此类浮动体会尝试放在一页的底部。

（4）p：表示 float page，浮动页，此类浮动体会尝试单独成页。

2）浮动体的其他命令

除放置命令外，还有居中排版、命名标题、设置标签、引用标签等命令，如表 3-12 所示。

表 3-12　居中排版、命名标题、设置标签、引用标签命令

命　　令	作　　用
\centering	居中排版
\caption{标题名}	命名标题
\label{fig:img1}	设置标签
\ref{fig:img1}	引用标签，实现交叉引用

3）调用浮动体代码实例

综合以上讲解的浮动体相关语句，下面以调用图片浮动体为例进行介绍，其相关代码如下。

```
1  \begin{figure}[htbp]%允许各个位置
2    \centering%　居中排版
```

```
3    \includegraphics[width=0.5\textwidth]{LaTeX}
4    \caption{LaTeX}\ref{tab:table1}% 标题引用标签,实现交叉引用
5    \label{fig:ima1}% 标签
6    \end{figure}
```

3. 插入程序代码

LaTeX 中插入程序代码需要使用 listings 宏包,操作者可直接使用插入程序代码命令"\begin{lstlisting}……\end{lstlisting}"在正文中直接插入代码;也可将需要插入的代码放在新建的.tex 文件中,通过命令在正文中进行引用,该命令详细使用方法如下。

• 使用.tex 文件插入程序代码

```
1    \lstinputlisting[label={}]{文件位置}
```

注:在同一文本引用.tex 文件插入代码使用次数不宜过多,否则会出现错误,因此建议直接使用命令在正文中插入代码。

3.3.5 LaTeX 制作 Beamer

Beamer 是 LaTeX 文档类的 PDF 格式演示文稿制作工具。由于大部分的 LaTeX 环境和代码都适用于 Beamer,且 Beamer 功能强大,提供多种风格主题和样式,并在填写内容、编辑公式方面十分方便,所以非常适合学术会议汇报、毕业设计等。本节详细介绍 Beamer 的基本界面、基本内容和制作步骤。

3.3.5.1 基本界面

1. 界面介绍

在 LaTeX 中打开 Beamer 模板,主要包括目录区、代码区、预览区,如图 3-41 所示。

2. 内容定位

代码区找预览区对应位置的基本操作:代码区对应位置右击后,单击【跳转到 PDF】,可在预览区找到对应内容,如图 3-42 所示。预览区找代码区对

应位置的操作类似。

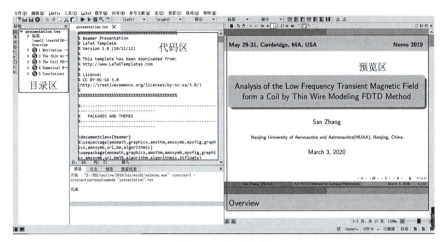

图 3-41　界面介绍

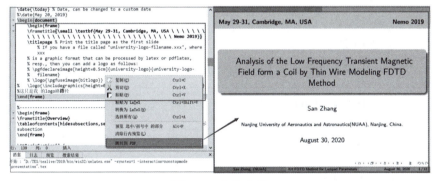

图 3-42　内容定位

3.3.5.2　基本内容

1. 显示形式

LaTeX 制作 Beamer，每页的呈现形式的代码如下。

```
\begin{frame}
PPT内容
\end{frame}
```

效果如图 3-43 所示。

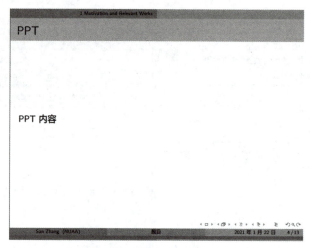

图 3-43　显示形式

2. 常用代码

1）添加中文

Beamer 添加中文的代码如下（日期也会变成中文）。

```
1  \usepackage[utf8]{inputenc}
2  \usepackage{xeCJK}
3  \usepackage{ctex}
```

效果如图 3-44 所示。

2）小标题

Beamer 添加小标题的代码如下。

```
1  \frametitle{ 小标题 }
```

3）字体

Beamer 对字体进行调整的代码如下。

```
1  \Large 内容       %字体变大
2  \textcolor{blue}{ 内容 } %字体颜色
```

```
3  \textbf{parasitic currents} %字体加粗
```

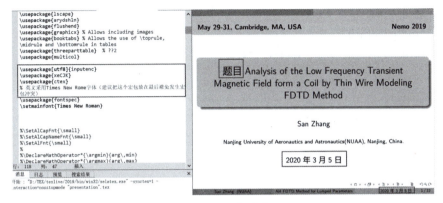

图 3-44　添加中文

4）引用文献

Beamer 引用参考文献的代码如下。

```
1  \footnote{ 引用内容 }
```

5）内容分述

Beamer 内容分述的代码如下。

```
1  \begin{itemize}
2  \item 第一点内容
3  \item 第二点内容
4  \item 第三点内容
5  \end{itemize}
```

6）插入公式和图片

Beamer 插入公式的代码如下。

```
1  \begin{equation}
2  %中间为公式
3  \end{equation}
```

Beamer 插入图片的代码如下。

```
1  \begin{figure}
2  \centering
3  \includegraphics
4  [width=图片显示宽度\linewidth]{ 存储位置 }
5  \caption{ 图片名 }
6  \label{ 标签 }
7  \end{figure}
```

7）内容左右分开

将一页 Beamer 分为左右两部分，使 Beamer 结构紧凑、美观，代码如下。

```
1  \begin{columns}
2  \column{0.4\textwidth}
3  %0.4、0.6为左右两边占该页宽之比,可以根据需要修改
4      左半边内容
5  \column{0.6\textwidth}
6         右半边内容
7  \end{columns}
```

8）图片左右分开

在一页 Beamer 上插入并列一排两张图片的代码如下。

```
1  \begin{figure}[h]
2  \centering
3  \includegraphics
4  [width=0.47\columnwidth]{ 第一张图片位置 }
5  \includegraphics
6  [width=0.47\columnwidth]{ 第二张图片位置 }
7  \caption{Geometry of a coil and the sampling magnetic field and
        current.}
8  \label{nonzero elements}
9  \end{figure}
```

9）Beamer 连页

制作同一标题的几页 Beamer 的代码如下。

```
1  \begin{frame}[allowframebreaks]
2  \frametitle{ 标题 }
3  %第一页内容
4  %第二页内容
5  %第三页内容
6  \end{frame}
```

3.3.5.3 制作步骤

Beamer 制作步骤由开头、正文及结尾组成。

1. 开头

1）首页

首页要有标题、作者等的介绍，既可以帮助读者快速认识作者，也可以让读者迅速了解主题。

如图 3-45 所示，首页部分由以下两部分组成：一是标题、作者、介绍、日期等；二是缩略部分（该部分会在每一张 Beamer 相同位置出现）。

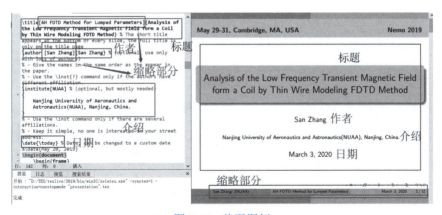

图 3-45　首页图例

2）目录

目录部分用简洁的语言将所要讲解的内容分成几大部分（图3-46），既有助于作者理清思路，又有助于读者阅读、理解。

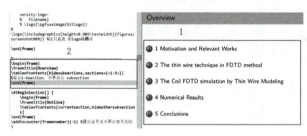

图3-46　目录图例

目录对应如图3-46所示的两部分。目录代码如下。

```
1  \begin{frame}
2  \frametitle{Overview}
3  \tableofcontents[hidesubsections,sections={<1-5>}]
4  %显示1-4section, 显示 subsection
5  \end{frame}
```

2. 正文

正文部分主要对内容进行具体讲解，常用到引用文献、插入公式和图片及修改字体等操作，如图3-47所示。

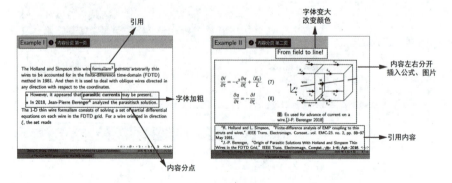

图3-47　正文

第3章 科研素材的使用和成果撰写

3. 结尾

结尾部分要用精炼、……内容进行简洁明了的总结，如图 3-48 所示。

表 3-13 保存格式和对应的函数

保存格式	对应的函数
	saveas（gcf,'filename.fig'）
	saveas（gcf,'filename.png'）
	saveas（gcf,'filename.jpg'）
	saveas（gcf,'filename.pdf'）
eps 格式	print（gcf,'filename.eps','-depsc'）
svg 格式	print（gcf,'filename.svg','-dsvg'）

通过这种方法可以将修改后的 fig 格式的图片直接保存为 LaTeX 文件下特定路径的不同格式图片，大大简化了编写 LaTeX 时的工作步骤，实现了

MATLAB 与 LaTeX 的连接，对报告里面的图形的实时更新，节省时间，提高了报告修改效率。

图片标题及刻度范围的字号可根据实际要求设定，相对路径的设定中不同格式文件保存位置不同，要做好区分。

3.3.7 LaTeX 编译常见问题

在 LaTeX 编译过程中会因使用者在语句书写等方面存在错误而无法正常编译。出错原因可在语句书写区域下方的日志中查看，单击错误信息即可跳转到对应的行。以下简单列举了一些 LaTeX 编译过程中常见的问题。

1. \begin{...} on input line ... ended by \{...}.

LaTeX 中出现了与 begin 命令不匹配的 end 命令。可能是 end 命令中拼错了环境名称或者操作者用 begin 命令开始了一个新的环境而忘记了结束。

2. Can be used only in preamble.

说明在\begin{ document }之后，出现了只能在序言中出现的命令，如 usepackage、nofiles、includeonly 等。该错误也可能是写了两个\begin { document } 命令引起的。

3. File ... not found .

文件没有找到。LaTeX 读取了一个不存在的文件，可能是引用文件时输入的文件名错误或者输入的文件路径错误。

4. Something's wrong–perhaps a missing \item.

错误出现的原因较多，可能是列表环境中缺少\item 命令或者参考书目环境中缺少参数。

5. Extra aligment tab has been changed to \cr.

数组或表格环境单行中有太多单独的项（即 &）。可能是开始下一行时前一行的结尾缺少结尾符。

6. 交叉引用时，引用标签部分编译后显示为 "??"

可能是定义了多个相同的标签或者引用的标签名不存在。

3. 结尾

结尾部分要用精炼、准确的语言对所有内容进行简洁明了的总结，如图 3-48 所示。

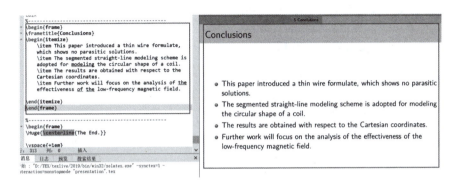

图 3-48　结尾

3.3.6　LaTeX 中 MATLAB 图片保存

在 MATLAB 中，可以使用 saveas 函数将当前图形保存为不同的格式，如图像文件或 PDF 文件。常见的保存格式和对应的函数，如表 3-13 所示

表 3-13　MATLAB 图片保存格式和对应的函数

保存格式	对应的函数
fig 格式	saveas（gcf,'filename.fig'）
png 格式	saveas（gcf,'filename.png'）
jpg 格式	saveas（gcf,'filename.jpg'）
pdf 格式	saveas（gcf,'filename.pdf'）
eps 格式	print（gcf,'filename.eps','-depsc'）
svg 格式	print（gcf,'filename.svg','-dsvg'）

通过这种方法可以将修改后的 fig 格式的图片直接保存为 LaTeX 文件下特定路径的不同格式图片，大大简化了编写 LaTeX 时的工作步骤，实现了

MATLAB 与 LaTeX 的连接，对报告里面的图形的实时更新，节省时间，提高了报告修改效率。

图片标题及刻度范围的字号可根据实际要求设定，相对路径的设定中不同格式文件保存位置不同，要做好区分。

3.3.7 LaTeX 编译常见问题

在 LaTeX 编译过程中会因使用者在语句书写等方面存在错误而无法正常编译。出错原因可在语句书写区域下方的日志中查看，单击错误信息即可跳转到对应的行。以下简单列举了一些 LaTeX 编译过程中常见的问题。

1. \begin{...} on input line ... ended by \{...}.

LaTeX 中出现了与 begin 命令不匹配的 end 命令。可能是 end 命令中拼错了环境名称或者操作者用 begin 命令开始了一个新的环境而忘记了结束。

2. Can be used only in preamble.

说明在\begin{ document } 之后，出现了只能在序言中出现的命令，如 usepackage、nofiles、includeonly 等。该错误也可能是写了两个\begin { document } 命令引起的。

3. File ... not found .

文件没有找到。LaTeX 读取了一个不存在的文件，可能是引用文件时输入的文件名错误或者输入的文件路径错误。

4. Something's wrong–perhaps a missing \item.

错误出现的原因较多，可能是列表环境中缺少\item 命令或者参考书目环境中缺少参数。

5. Extra aligment tab has been changed to \cr.

数组或表格环境单行中有太多单独的项（即 &）。可能是开始下一行时前一行的结尾缺少结尾符。

6. 交叉引用时，引用标签部分编译后显示为 "??"

可能是定义了多个相同的标签或者引用的标签名不存在。

3.4 Visio 的使用技巧

Visio 是一款基于 Windows 平台的流程图与示意图绘制软件，可以制作的图标范围十分广泛，其具有强大的绘图功能，可以绘制地图、企业标志等，同时支持将文件保存为 SVG、DWG 等矢量图形通用格式。本节首先介绍 Visio 的下载与安装，其次介绍 Visio 的基本操作和常用操作，最后介绍实例。

3.4.1 Visio 的下载

Visio 是微软官方的实用型流程图和矢量图绘制工具，功能强大，可以帮助用户轻松进行流程图、架构图、网络图、日程表、模型图、甘特图和思维导图等的制作。用户可在微软中国官方网站直接购买相应版本的 Office 并选择安装 Visio。另外，用户也可选择使用 Office Tool Plus（OTP）进行 Visio 的下载安装。OTP 能够对 Office 实现一站式管理、安装、激活、卸载等，支持 Office 365、Office 2019 和 Office 2016 等。

注意：若计算机已经安装了其他版本的 Office 和相关插件等，需要先卸载，再重启计算机，卸载也可以在 OTP 中进行。

3.4.2 Visio 的基本介绍

Visio 的主要作用是绘制图形，软件中自带许多免费模板（图 3-49），若用户需要绘制简单、常用的图形框架，则可直接搜索选择相应模板。另外，若需要绘制复杂图形，则可新建文件自行设计、编辑。

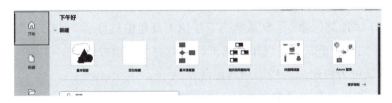

图 3-49　Visio 自带免费模板

1. Visio 2019 界面与功能的基本介绍

安装完 Visio 之后，首先了解 Visio 的工作界面。Visio 与 Word、Excel 等常用 Office 组件的窗口界面有着较大区别，如图 3-50 所示。本节简单介绍 Visio

的界面及其基本功能。

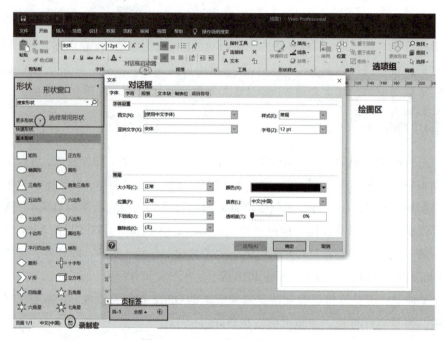

图 3-50　Visio 界面的基本介绍

1）快速访问工具栏

（1）设置显示位置：启用快速工具栏右侧下拉按钮，通过选择【在功能区下方显示（S）】命令，可以调整快速工具栏的位置至功能区的下方，取消勾选可调回至上方。

（2）添加其他命令：默认状态下快速工具栏中只显示"保存""撤销"与"恢复"三种命令，通过启用快速工具栏右侧的下拉按钮，在列表中选择相应命令，可为快速工具栏添加其他命令。

（3）自定义快速访问工具栏：当快速工具栏下拉列表中的命令无法满足用户的操作需求时，用户可启用快速工具栏下拉列表中的【其他命令】命令，弹出【Visio 选项】对话框。选择相应的命令，单击【添加】按钮。

2）功能区

（1）自定义功能区和隐藏功能区：右击选项卡区，执行【折叠功能区】

命令，即可隐藏功能区。自定义功能区同理。

（2）快捷键：在 Visio 界面下，按下 Alt 键，即可显示功能区快捷键。根据相应快捷键执行选项卡命令，并在选项组中执行对应命令的快捷键。

（3）对话框启动器：选项组中所列出的都是一些最常用的命令，用户可通过启用选项组中的【对话框启动器】按钮（具体位置如图 3-50 所示），在打开的对话框中执行更多的同类型命令。

3）任务窗格

任务窗格用来显示系统所需隐藏的任务命令，该窗格一般处于隐藏位置，主要用于专业化设置，例如设置形状的大小和位置、形状数据、平铺和缩放等。在 Visio 中，可通过执行【视图】→【显示】→【任务窗格】命令，在其列表中选择相应选项，显示各种隐藏命令。

4）绘图区

绘图区位于窗口中间，主要显示处于活动状态的绘图元素，可通过执行【视图】选项卡中各种命令显示绘图窗口、形状窗口、绘图自由管理器、大小和位置窗口、形状数据窗口等。

2. Visio 窗口介绍

Visio 的窗口如图 3-51 所示，包括新建窗口、重排窗口、层叠窗口和切换窗口。

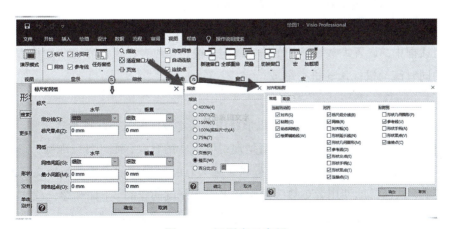

图 3-51　视图窗口介绍

1）新建窗口

执行【视图】→【窗口】→【新建窗口】命令，系统会自动创建一个与源文件完全相同的文档窗口，并以源文件名称加数字后缀的形式命名，以便用户对相同的图表进行编辑操作。

2）重排窗口

默认情况下，Visio 只显示一个窗口。执行【视图】→【窗口】→【全部重排】命令，可以并排查看所有窗口。

3）层叠窗口

执行【视图】→【窗口】→【层叠】命令，可以查看在屏幕中重叠的所有打开的窗口，进而改变窗口的排列方式。

4）切换窗口

同时打开多个 Visio 文档，并以普通方式显示一个窗口内容，执行【视图】→【窗口】→【切换窗口】命令，可以查看不同窗口；或者单击状态栏中【切换窗口】按钮，进行切换。

5）设置显示比例

（1）调整页宽：执行【视图】→【显示比例】→【页宽】命令，可将窗口缩放到与页面同宽的程度，方便用户详细查看图表的具体内容。

（2）适应窗口大小：执行【视图】→【适应窗口大小】命令，可将窗口缩放至使整个页面适合并填满窗口的状态。

（3）缩放比例：执行【视图】→【显示比例】命令，在弹出的【缩放】对话框中，设置缩放比例，单击【确定】按钮，或者在窗口界面按住 Ctrl 键的同时滚动鼠标滚轮进行缩放。

3. 添加文本

Visio 中的文本信息主要是以形状中的文本或注解文本块的形式出现。通过为形状添加文本，不仅可以清楚地说明形状的含义，而且可以准确、完整地传递绘图信息。Visio 为用户提供了强大且易于操作的添加与编辑文字的工具，从而帮助使用者更熟练地绘制出图文并茂的作品。下面介绍一些文本的简单操作，如创建文本、编辑文本等，帮助读者熟练掌握文本在 Visio 中的运用。

1) 创建文本

Visio 中大部分形状包含隐藏文本框,双击形状即可显示文本框,进行文字编辑,单击其他区域或按 Esc 键即完成编辑。执行【开始】→【工具】→【文本】命令,或执行【插入】→【文本】→【文本框】→【横排文本框】/【竖排文本框】命令,可绘制文本块,编辑文本后,切换至【指针工具】,可利用形状手柄编辑文本块形状、大小及位置。

2) 编辑文本

Visio 中编辑文本、设置字体格式和设置段落格式等操作与 Word 相同,在此不赘述。

3.4.3 Visio 的基本操作

本节主要介绍 Visio 中的文件菜单、选项卡功能。

1. 文件菜单

文件菜单主要包含对于文件新建、打开、信息、保存、另存为、另存为 PDF、打印、共享、导出、关闭等操作选项,在关闭选项的下方有账户、反馈、选项三个选项,用于设置用户操作习惯。

2. 选项卡

双击任意选项卡,可隐藏或显示功能区。

(1) 开始:主要用于剪切、复制、调整文本样式,如表 3-14 所示。

表 3-14 开始

名 称	功 能
剪贴板	粘贴、剪切、复制和格式刷
字体	调整字体样式和字符格式
段落	调整段落格式
工具	添加、移动或删除图形、连接线、文本
形状样式	调整文本的形状格式
排列	调整对象间的排列、位置和组合
编辑	更改形状、查找、替换文本,编辑图层,选择对象

（2）插入：主要用于插入各种工具，如新页、图片、图表等，如表 3-15 所示。

表 3-15 插入

名称	功能
页面	新建空白页、背景页或复制当前页
插入	插入图片或图表、CAD 绘图
图部件	选择插入合适的容器、标注或连接线
链接	对选定内容设置超链接
文本	添加文本框、设置形状屏幕提示、选择插入格式、插入文本域或符号

（3）绘图：主要用于选择管理绘图工具，如表 3-16 所示。

表 3-16 绘图

名称	功能
工具	选择工具、启用触摸绘制、橡皮擦工具和套索选择工具
笔	选择调整画笔格式
转换	将墨迹转换为文本

（4）设计：主要用于页面设计，如表 3-17 所示。

表 3-17 设计

名称	功能
页面设置	打印设置、调整纸张方向、大小、页面缩放比例等
主题	选择设置形状主题
变体	调整颜色、效果、连接线
背景	选择设置背景色、边框和标题
版式	调整布局、连接线样式

（5）数据：主要用于处理导入的数据，如表 3-18 所示。

表 3-18 数据

名　　称	功　　能
外部数据	外部导入数据
数据图形	选择设置数据图形样式
显示数据	插入图例
显示/隐藏	选择设置显示/隐藏数据窗口
高级的数据链接	新建、编辑高级数据图形

（6）流程：如表 3-19 所示。

表 3-19 流程

名　　称	功　　能
子进程	以所选图形、区域创建子进程，将图形链接至现有子进程
图表验证	根据当前验证规则扫描图表问题
SharePoint 工作流	使用 Microsoft SharePoint 2013 工作流程图

（7）审阅：如表 3-20 所示。

表 3-20 审阅

名　　称	功　　能
校对	拼写检查、信息检索、同义词库，帮助校对文本
辅助功能	使用辅助功能检查器改善辅助功能
语言	翻译、选择校对工具语言
批注	新建批注
报表	创建图表中关于形状属性的报告

（8）视图：如表 3-21 所示。

表 3-21 视图

名　　称	功　　能
视图	切换演示模式
显示	设置标尺、网格，添加任务窗格
缩放	调整页面显示位置
视觉帮助	设置对齐、粘贴、动态网格、绘图辅助线的活动状态
窗口	新建、重排、层叠、切换窗口
宏	新建、编辑宏，运行其他加载项

（9）帮助：获取关于软件使用的帮助信息、反馈或显示培训内容。

3.4.4　Visio 的常用操作

Visio 中的常用操作主要包括编辑形状、添加文本、美化绘图，熟练掌握这些操作可以准确、完整地传递绘图信息。Visio 为用户提供了强大且易操作的添加与编辑工具，从而帮助使用者熟练地绘制图文并茂的作品。本章主要介绍一些简单的 Visio 操作，使读者熟练掌握 Visio 的常用技巧。

1. 编辑形状

形状是任何 Visio 图表的实质内容和精髓。可以使用形状表示对象、操作和观点，还可以排列和连接形状，以直观地呈现相互关系。当形状不具有所需的外观和作用时，图表的质量会降低。因此掌握形状的基础知识很关键。使用 Visio 不仅可以绘制各种形状，还可以更改形状的填充、线条及阴影等属性。

1）设置填充形状

填充形状是指填入闭合形状中的纯色或渐变色及各种花纹内容。在默认状态下，Visio 将为绘制的矩形和圆形等闭合形状添加白色的填充。如需要更改填充的颜色，可先选择形状，在【开始】选项卡的【形状样式】组中单击【填充】按钮，即可在弹出的下拉菜单中选择几种预置的填充颜色。填充后的图形效果如图 3-52 所示。

2）设置线条形状

线条形状的作用是设置形状轮廓笔触的样式，默认形状往往包含一条 3/4 磅宽的黑色轮廓线。在选择形状后，切换到【开始】选项卡，在【形状样式】组中单击【线条】按钮，即可在弹出的下拉菜单中选择线条的样式，如图 3-53 所示。

3）设置阴影形状

阴影形状是在形状的下方建立一个镜像，并通过位移等方法创建阴影效果。在选择形状后，切换到【开始】选项卡，在【形状样式】组中单击【效果】按钮，即可在【阴影】菜单中选择阴影的样式，如图 3-54 所示。

第3章 科研素材的使用和成果撰写

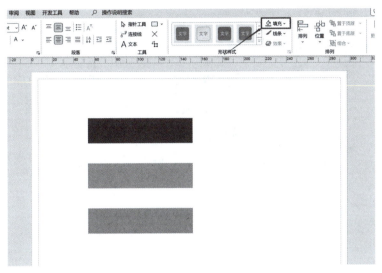

图 3-52 填充形状

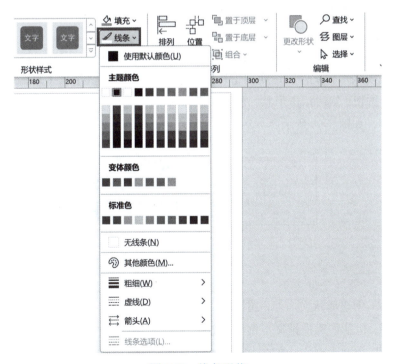

图 3-53 线条形状

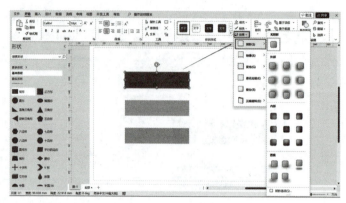

图 3-54　阴影形状

2. 添加文本

在使用 Visio 绘制图表时，除了添加各种形状外，还需要使用文本内容对形状进行注释和说明，使图表内容更清楚。本节主要介绍在 Visio 绘图文档中插入文本及编辑文本内容的方法。

1）插入形状文本

形状文本是描述形状模具所使用的文本，在 Visio 中，用户可以通过两种方式插入形状文本。切换到【开始】选项卡，在【工具】组中单击【指针工具】按钮，然后双击形状，在形状下方的文本框中或在椭圆形状中输入文本内容，如图 3-55 所示。

图 3-55　插入形状文本

2）插入文本框文本

除了创建形状文本外，还可以直接创建空白的文本框，并在其中输入文本内容，包括创建横排文本框和垂直文本框等。横排文本框是最基本的文本框，在该类文本框中，文本内容以水平方式流动。在 Visio 中切换到【插入】选项卡，在【文本】组中单击【文本框】下拉按钮，在弹出的下拉菜单中选择【绘制横排文本框】命令，即可拖动鼠标绘制横排文本框并输入内容，如图 3-56 所示。

图 3-56　插入文本框文本

3. 绘图操作

在使用 Visio 设计图表时，可以将图表的颜色方案和样式效果整合为主题，以提高设计与创作效率。Visio 提供了大量预置的主题，并允许用户自定义主题，以设计个性化的图表。本章将结合之前章节的形状设计介绍使用主题来设计绘图的技术。

1）应用主题

在 Visio 中，使用主题可以为各种形状快速添加具有专业水准的外观效果，Visio 预置了多种主题供用户选用。切换到【设计】选项卡，在【主题】组中打开【主题】菜单，该菜单提供了【专业型】、【现代】和【新潮】等多种选项，如图 3-57 所示。

图 3-57　主题

2）创建自定义主题

主题是一系列外观样式的集合，用户除使用 Visio 预置的主题外，还可以创建自定义主题，自定义主题的内容。

（1）更改主题颜色：在软件中切换到【设计】选项卡，在【主题】组中打开【主题】菜单，如图 3-58 所示，然后在弹出的下拉菜单中选择主题颜色。

图 3-58　主题颜色设置

（2）更改主题效果：效果是形状外部的修饰特效，更改主题效果既可为主题应用多种预置的效果，也可为主题应用用户自定义的效果。在软件中切换到【设计】选项卡，在【变体】组中单击【效果】按钮，然后在弹出的下拉菜单中选择效果选项，设置主题的效果如图 3-59 所示。

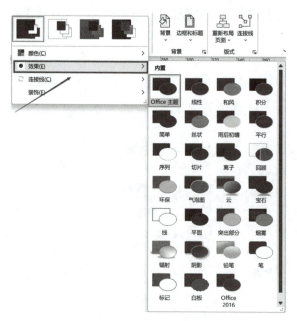

图 3-59　主题效果设置

3）添加背景

在绘制图形时，还可为绘图文档添加 Visio 预置的背景图形。切换到【设计】选项卡，在【背景】组中单击【背景】按钮，在弹出的下拉菜单中选择 Visio 预置的背景形状，应用到绘图页中，如图 3-60 所示。

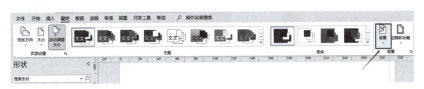

图 3-60　添加背景

4. 其他操作

1）设置边框和标题

执行【设计】→【边框和标题】命令，在下拉工具栏中选择编辑所需的边框和标题。

2）页面重新布局

执行【设计】→【重新布局页面】命令，设置所需格式布局，如图 3-61 所示。

图 3-61　重新布局

3）交线凸起消除

选中线条，执行【设计】→【连接线】命令，取消勾选【显示跨线】，即可消除图中的圆弧凸起，如图 3-62 所示。

4）插入公式

Visio 中插入公式需要使用公式编辑器，MathType 的具体使用方法可参考本书相关章节。

5）区域颜色填充

打开需要操作的 Visio 文件，执行【文件】→【选项】→【高级】命令，在弹出的 Visio 选项窗口中勾选"以开发人员模式运行"，如图 3-63 所示。

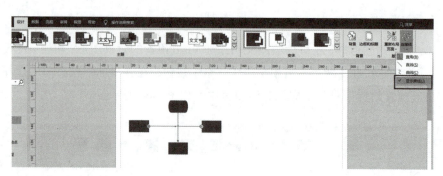

图 3-62　取消跨线

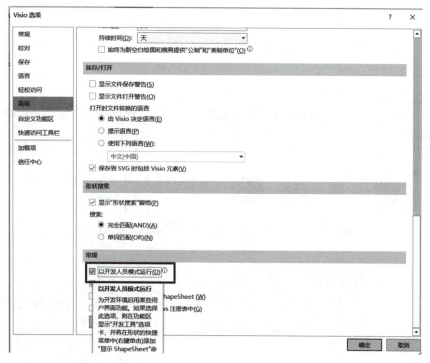

图 3-63　区域颜色填充

6) Word 图形粘贴清晰化

为使绘制图形在 Word 中能清晰显示，复制后在 Word 中应使用【选择性粘贴】，粘贴为【图片（增强型图元文件）】，如图 3-64 所示。

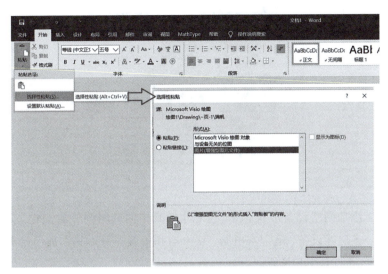

图 3-64　图形粘贴清晰化

3.4.5　实例介绍

Visio 可创建商务图、地面和平面布置图、工程图、常规图、日程安排图、流程图、网络图、软件和数据库图等。本节主要以两个实例介绍如何构建网络图及软件和数据库图。

1. 构建网络图

本节以制作办公室网络设备布置图为例，如图 3-65 所示。

操作步骤如下。

（1）创建模板文档。打开 Visio，执行【类别】→【网络】→【详细网络图-3D】命令，创建文档。

（2）美化图表。执行【设计】→【主题】命令，在列表中选择样式设置图表主题效果，执行【设计】→【背景】→【背景】命令，在列表中选择样式设置图表背景效果。执行【设计】→【背景】→【边框和标题】命令，选择样式设置图表的边框和标题样式，并在"背景-1"绘图页中编辑标题文本。

（3）制作菱形形状。切换到"页-1"绘图页中，执行【形状】→【更多形状】→【常规】→【基本形状】命令，将【基本形状】中的菱形添加到绘图页中，并调整形状的大小。右击形状，执行【设置形状格式】命令，在【设置形状格式】窗格中，设置填充模式、颜色及线条样式。

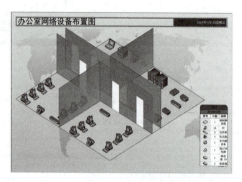

图 3-65　办公室网络设备布置图

（4）添加网络设备形状。将【形状】模具中的调制调解器、PC、交换机、电话机、多功能设备、笔记本电脑、路由器和集线器等形状添加至绘图页中,并调整形状的大小和位置。

（5）绘制平行四边形。如图 3-66 所示,在绘图页中添加两条水平参考线,在【大小和位置】窗格中将其角度均设置为 −32deg,再添加两条垂直参考线。执行【开始】→【工具】→【直线】命令,沿参考线绘制四条相交直线。按住 Ctrl 键后,依次选中四条直线,执行【开发工具】→【形状设计】→【操作】→【修剪】命令,删除多余线段。选中剩余四条直线,执行【开发工具】→【形状设计】→【操作】→【连接】命令,即组成平行四边形。右击平行四边形形状,打开【设置形状格式】窗口,设置填充样式及颜色。复制并以同样方法绘制其他平行四边形。

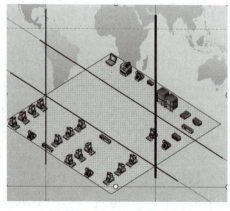

图 3-66　绘制平行四边形

（6）添加图例。在【网络和外设-3D】模具中选择图例并添加。

2. 构建软件和数据库图

本节以制作即时通信软件 UI 界面图为例，如图 3-67 所示。

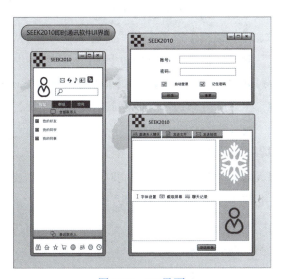

图 3-67　UI 界面

操作步骤如下。

（1）创建模板文档。打开 Visio，执行【类别】→【软件和数据库】→【线框图表】命令，创建模板文档，执行【设计】→【页面设置】→【大小】→【其他页面大小】命令，选择【自定义大小】按钮并设置数值。

（2）美化页面。执行【设计】→【背景】→【背景】命令，在菜单中选择并设置背景，执行【设计】→【主题】→【主题】命令，选择并设置主题效果。

（3）制作标题。执行【更多形状】→【常规】→【基本形状】命令，在模具中选择并添加一种形状，如圆角矩形，调整形状大小、位置并输入标题。

（4）制作登录窗口。添加【对话框】模具中的"对话框窗体"形状，调整其大小和位置并输入标题文本。执行【更多形状】→【其他 Visio 方案】→【装饰】命令，选择并添加装饰，如"棋盘方格饰段"。执行【开始】→【工具】→【文本】命令，可在窗体中输入相应文本"账号""密码""自动登录""记住密码"，并添加【对话框】模具中的"面板"形状和"对话框按钮"、【控件】模具中的"复选框"形状。其中,在添加"对话框按钮"时,弹出【形状数据】对话框,可在【类型】选项中设置【最大化】【最小化】按钮。

（5）制作主界面窗口。如上方法添加"对话框窗体"、装饰,并添加【Web和媒体图标】模具中的"用户""邮件""刷新""音乐""联系人""RSS"形状。在其下方添加【对话框】模具中的"面板"形状和【Web和媒体图标】模具中的"搜索"形状。在下方继续添加【对话框】模具中的"选项卡"形状、【对话框】模具中的"状态栏项目"、【控件】模具中的"树控件"形状,并编辑文本内容。在最下方添加【对话框】模具中的"状态栏项目"并编辑文本内容,以及"查找""主页""收藏""购物车""Internet""历史记录"和【通用图标】模具中的"多名用户"和"配置"形状。

（6）制作聊天窗口。如上方法添加"对话框窗体"、装饰、"状态栏项目""面板"、文本和【控件】中的"按钮"形状。

3. 算例介绍

本节介绍绘制电路板,如图 3-68 所示。

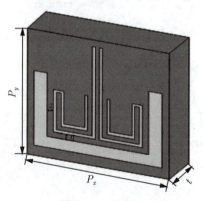

图 3-68　电路板

具体步骤如下。

（1）创建模板文档。执行【部件和组件绘图】操作,创建模板。

（2）绘制长方体。将水平参考线拉至绘图区中,选中参考线后,执行【视图】→【任务窗格】→【大小和位置】操作,在【角度】一栏中,输入长边的角度,如 −11.113deg（图 3-69）。

复制该参考线移动到其他位置,使用类似方法在其他位置添加参考线

(图3-70)。执行【开始】→【工具】→【线条】命令,沿参考线画出长方体。

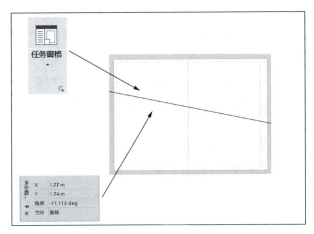

图3-69 绘制长方体

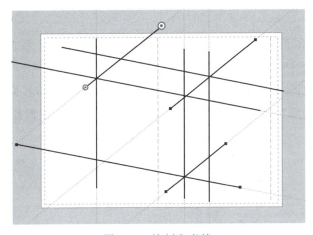

图3-70 绘制参考线

执行【开始】→【工具】→【指针工具】命令,依次删除各条参考线。选中所有直线后,执行【开发工具】→【形状设计】→【操作】→【连接】命令,再执行【操作】→【修剪】命令,依次删除其余线段。全选剩余线段,执行【操作】→【连接】命令,再执行【开发工具】→【形状设计】→【组合】→【组合】命令,即得到长方体。选中长方体,执行【开始】→【形状样式】→【线条】命令,可设置线条粗细及颜色;执行【形状样式】→【填充】命令,可设置长方体颜色。

(3)添加标记。在【形状】模具中选择【尺寸度量-工程】模具,根据标记线条的角度与长短,选择相应的【水平】、【垂直】及【对齐】等模具。移动标记两端的白色圆点,可改变标记长度,移动端点处的黄色圆点,可改变两端短线的长度。双击标记中间的文本块处,可输入文字并设置字体格式。也可执行【插入】→【文本】→【文本框】命令,根据需要设计文本框大小及位置。选中标记,可在【开始】→【形状样式】工具栏中更改线条的形状格式。

(4)完成图形。采用上述方法,首先在合适位置添加参考线,再添加线条,通过【连接】、【修剪】、【组合】等操作画出所需图形,再在【设置形状格式】窗格中进行图形美化,最后添加标记,即完成作图。

3.5 MATLAB 的使用技巧

MATLAB 是科研过程中使用率极高的一款软件,它不仅可以帮助人们进行数据分析和矩阵处理,还可以精准地进行绘图、频谱分析等操作,在获取、制作科研素材时也能提供很大的帮助。MATLAB 窗口界面如图 3-71 所示,主要分为工具栏、文件栏、工作区、命令行窗口和编辑器。

图 3-71 MATLAB 窗口界面

下面首先介绍MATLAB的绘图功能。MATLAB的绘图功能十分强大,内置了很多图像函数,用户只要给出一些参数,软件便能生成相对精准的图像。完整的代码示例如下。

```matlab
1   clc;close all;clear all
2   maximum_frequency=1e9;
3   tau=sqrt(2.3)/(pi*maximum_frequency);
4   t_0=4.5*tau;
5   time_array=[1:1000]*1e-11;
6   g=exp(-((time_array-t_0)/tau).^2);
7   figure(1);
8   plot(time_array*1e9,g,'b-','linewidth',1.5);%利用plot函数绘图
9   title('g(t)=e^{-((t-t_0)/\tau).^2}','fontsize',14);
10  %设置图片名称
11  xlabel('time(ns)','fontsize',12);%x坐标轴字体设置
12  ylabel('magnitude','fontsize',12);%y坐标轴字体设置
13  set(gca,'fontsize',12);
14  set(gcf,'position',[40,250,500,400]);%窗口位置和大小设置
15  grid on;%网格设置
16  frequency_array=[0:1000]*2e6;
17  dt=time_array(2)-time_array(1);
18  G=time_to_frequency_domain(g,dt,frequency_array,0);
19  figure(2);
20  x=frequency_array*1e-9;
21  y1=abs(G);
22  y2=angle(G)*180/pi;
23  [AX,H1,H2] =plotyy(x,y1,x,y2,@plot);%双y轴设置
24  set(get(AX(1),'ylabel'),'string','magnitude','fontsize',12);
25  set(get(AX(2),'ylabel'),'string','phase(degrees)','fontsize',12);
26  xlabel('frequency(GHz)','fontsize',12);
```

```
27  set（H1,'Linestyle','--'）;
28  set（H2,'Linestyle',':'）;%设置不同线形
29  set（gca,'linewidth',1.5）;
30  set（gcf,'position',[400,250,600,400]）;
31  hold on;%hold on/off状态
32  legend（'线条一','线条二'）;%设置图例
33  z=annotation（'textarrow',[0.606,0.65],[0.55,0.65]）;%绘制箭头
34  set（z,'string','','fontsize',15）;
35  dim = [.2 .5 .3 .3];
36  str = 'plot';
37  annotation（'textbox',dim,'String',str,'FitBoxToText','on'）;
38  %绘制标注
39  grid on;
40  saveas（gcf,'1.png'）%保存图像
41  function [X] = time_to_frequency_domain（x,dt,frequency_array,
        time_shift）
42  number_of_time_steps = size（x,2）;
43  number_of_frequencies = size（frequency_array,2）;
44  X = zeros（1, number_of_frequencies）;
45  w = 2 * pi * frequency_array;
46  for n = 1:number_of_time_steps
47      t = n * dt + time_shift;
48      X = X + x（n） * exp（-j*w*t）;
49  end
50  X = X * dt;
51  end
```

绘图结果如图 3-72 所示。

下面将围绕这个示例对 MATLAB 的常用绘图技巧进行讲解。

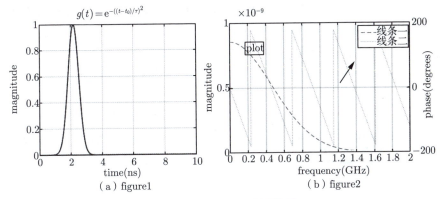

图 3-72　MATLAB 绘图结果

3.5.1　MATLAB 的基本操作和实例

本节详细介绍 MATLAB 的基本操作、规则和使用方法，讲授如何借助 MATLAB 的自带帮助系统解决遇到的问题。

1. 窗口属性个性化设置

窗口位置是指图像在 MATLAB 界面显示的位置。通过 set 指令可以设置图像的位置和大小，语法如下。

```
set(gcf,'position',[centerX,centerY,width,height])
```

其中：width 和 height 分别代表图像的宽度和高度，centerX 为 Figure 窗口的中心点在屏幕的 x 坐标，centerY 为 Figure 窗口的中心点在屏幕的 y 坐标。以如下代码为例。

```
1  plot(time_array*1e9,g,'b-','linewidth',1.5);
2  title('g(t)=e^{-((t-t_0)/\tau).^2}','fontsize',14);
3  xlabel('time(ns)','fontsize',12);
4  ylabel('magnitude','fontsize',12);
5  set(gca,'fontsize',12);
6  set(gcf,'position',[250,50,1000,1000])
```

不关闭 Figure 窗口，在命令窗口输入。set（gcf,'position',[250,50,1000,1000]），将图像设置在屏幕坐标的（250，50）位置，图像宽度为 1000，高度为 1000。输入指令前后的对比情况如图 3-73 和图 3-74 所示。输入 set 指令前的图像可以任意改变位置和大小。输入 set 指令后，图像只能根据指定的位置和大小显示。

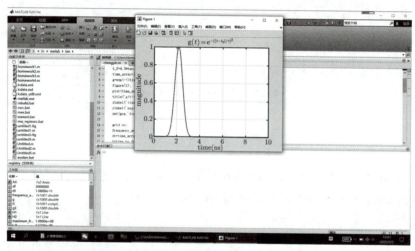

图 3-73　输入 set 指令前

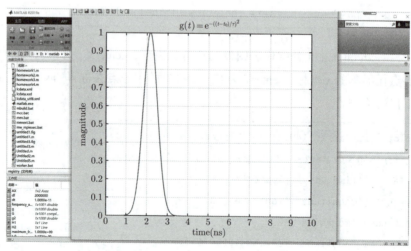

图 3-74　输入 set 指令后

在科研过程中经常用到透明背景的图像,并在 PowerPoint 中粘贴,可以参照以下步骤实现。

首先打开一个文件,在 command 中添加下面的三行命令并运行。

```
1  set(gcf,'color','none');
2  set(gca,'color','none');
3  set(gcf,'InvertHardCopy','off')
```

单击编辑 → 复制图窗,然后在 PowerPoint 中粘贴,就可以得到透明背景的图片,如图 3-75 所示。

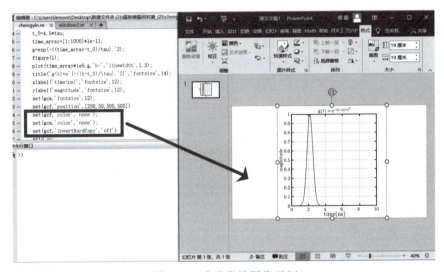

图 3-75 透明背景图像示例

2. 二维曲线图和三维曲线图

本节将系统地阐述曲线、曲面绘制的基本技法和命令;如何使用线型、色彩、数据点标记凸现不同数据的特征;如何生成和运用标识,画龙点睛地注释图形等。

1) 二维曲线作图

二维曲线是平面图形,它连接平面坐标中的数据点。绘制过程中可以使用其他类型的坐标系,如笛卡儿坐标、代数坐标、极坐标等。绘制二维图形是其他绘图操作的基础。二维曲线作图主要调用 plot 函数和 fplot 函数。

plot 函数的基本语法为 plot（x,y），x，y 分别用于存储 x 坐标和 y 坐标，通常 x、y 为长度相同的向量。

fplot 函数的基本语法为 fplot（f,lims），其中 f 代表一个函数采用的函数句柄的形式，lims 为 x 轴的取值范围。例如，fplot（@sin,[-2*pi 2*pi]）表示绘制 sin（x）图像，范围为 −2~2。

运用 plot 函数绘制二维曲线，效果如图 3-76 所示。

```
1  x=0:pi/50:2*pi;
2  y=sin（x）;
3  plot（x,y）
```

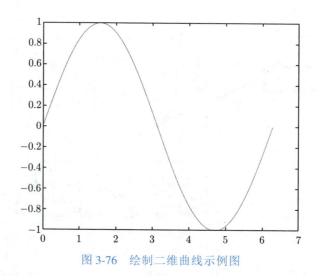

图 3-76　绘制二维曲线示例图

2）三维曲线作图

在 MATLAB 中经常调用 plot3 函数进行三维曲线绘图，语法通常为以下三种。

（1）plot3（X1,Y1,Z1）：以默认的线性属性绘制三维点集（X1,Y1,Z1）确定的曲线。

（2）plot3（X1,Y1,Z1,LineSpec）：以参数 LineSpec 确定的线性属性绘制三

维点集。

（3）plot3（X1,Y1,Z1,'PropertyName',PropertyValue,…）：根据指定的属性绘制三维曲线，其中 PropertyName 为属性名，可以是颜色、线型、线宽等属性，PropertyValue 表示属性值，对应属性名包含的各种属性值。

运用 plot3 函数绘制的螺旋线效果如图 3-77 所示。

```
1  x=0:pi/50:10*pi;
2  y=sin(x);
3  z=cos(x);
4  plot3(x,y,z)
```

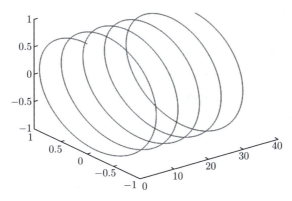

图 3-77　绘制三维曲线示例图

3. 曲线和字体

本节介绍一些曲线和字体设置的技巧。以如下代码为例。

```
1  frequency_array=[0:1000]*2e6;
2  dt=time_array(2)-time_array(1);
3  G=time_to_frequency_domain(g,dt,frequency_array,0);
4  figure(2);
5  x=frequency_array*1e-9;
6  y1=abs(G);
```

```matlab
7   y2=angle(G)*180/pi;
8   [AX,H1,H2]=plotyy(x,y1,x,y2,@plot);
9   set(get(AX(1),'ylabel'),'string','magnitude','fontsize',12);
10  set(get(AX(2),'ylabel'),'string','phase(degrees)','fontsize',12);
11  %双y轴设置
12  xlabel('frequency(GHz)','fontsize',12);%x坐标轴字体设置
13  set(H1,'Linestyle','--');
14  set(H2,'Linestyle',':');%设置不同的线形
15  set(gca,'linewidth',1.5);
16  set(gcf,'position',[400,250,600,400]);
17  hold on;%保持原图并接受此后绘制新的曲线
18  legend('line1','line2');%添加图例
19  function [X] = time_to_frequency_domain(x,dt,frequency_array,
        time_shift)
20  number_of_time_steps = size(x,2);
21  number_of_frequencies = size(frequency_array,2);
22  X = zeros(1, number_of_frequencies);
23  w = 2 * pi * frequency_array;
24  for n = 1:number_of_time_steps
25      t = n * dt + time_shift;
26      X = X + x(n) * exp(-j*w*t);
27  end
28  X = X * dt;
29  end
```

生成图如图3-78所示。

本示例共包含6个要点。

（1）更改线条颜色。通过set指令实现，语法为set（线条,'Color',' 颜色'），如set（P,'Color','blue'）。

（2）设置不同线形。同样通过set指令，语法为set（P,'Linestyle',ValueArray），其中ValueArray代表需要设置的线形，如示例中的set（H1,'Linestyle','--'）。

（3）设置字体大小。改变图中标注字体的大小，例如改变x坐标轴的字

体，有两种方法：

xlabel（'m'）; Set（get（gca,'xlabel'）,'Fontsize',12）

xlabel（'m','Fontsize',12）

其中 m 代表设置的 x 坐标轴的名字，如 xlabel（'frequency（GHz）','fontsize',12）。

（4）hold on/off 状态。hold on，保持原图并接受此后绘制的新曲线，叠加绘图；hold off，重新刷新图形窗口，绘制新的曲线。

（5）图例设置。图例是指图形窗口右上角的方框，可通过设置图例清楚展现不同线条代表的含义。设置图例主要通过 legend 函数实现：legend（'line1','line2'）。

（6）双 Y 轴设置。通过代码 plotyy（X1，Y1，X2，Y2）实现。

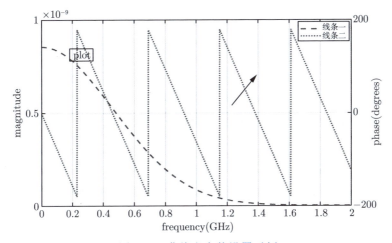

图 3-78　曲线和字体设置示例

4. 箭头绘制、标注和小窗口

本部分介绍箭头绘制、标注和小窗口技巧。

1）箭头绘制和标注

在撰写论文和报告时，合理运用箭头和标注可以让图片更清晰。以下面代码为例进行介绍。

```
1  z=annotation（'textarrow',[0.75,0.80],[0.55,0.65]）;
2  set（z,'string','time to frequency','fontsize',15）;%绘制箭头
```

```
3    dim = [.2 .8 .1 .1];
4    str = 'time to frequency';
5    annotation ('textbox',dim,'String',str,'FitBoxToText','on');
6    %绘制标注
```

这个示例运用 annotation 函数进行了简单的箭头和文本框注释。

（1）绘制箭头。箭头绘制一般包括单箭头、双箭头及带文本框的箭头，语法分别如下。

annotation（'arrow',[x1,y1],[x2,y2]）：建立从点（x(1)，y(1)）到点（x(2)，y(2)）的箭头注释对象。

annotation（'doublearrow',[x1,y1],[x2,y2]）：建立从点（x(1)，y(1)）到点（x(2)，y(2)）的双箭头注释对象。

annotation（'textarrow',[x1,y1],[x2,y2]）：建立从点（x(1)，y(1)）到点（x(2)，y(2)）的带文本框的箭头注释对象。

注意，在使用 annotation 函数时，x 和 y 的值必须介于 0~1 之间。

（2）绘制标注。在上面的例子中，通过设置 String 属性指定文本说明。通过将 FitBoxToText 属性设置为 on，强制使文本框紧贴文本。

2）用 subplot 绘制子图

subplot 是 MATLAB 中将多个图画到同一平面上的函数，使用方法为 subplot（m,n,p）或 subplot（mnp），其中，m 表示图排成 m 行，n 表示图排成 n 列，p 表示图所在的位置。例如，subplot（2,1,2）表示在整个 figure 中图排成两行一列，而代码表示的图就在从左到右、从上到下的第二个位置。

用 subplot 绘制子图的代码示例如下。

```
1    clc
2    figure
3    xdata1 = 1:100;ydata1 = 1:100;
4    xdata2 = 1:100;ydata2 = 100:-1:1;
5    xlabel_str={['X1'],['X2']};
6    subplot（2,1,1）
7    plot（xdata1,ydata1,xdata2,ydata2）;
```

```
 8  xlabel(xlabel_str{1});ylabel('Y1');legend('label1','label2')
 9  title('image1');
10  subplot(2,1,2)
11  plot(xdata1,ydata1,xdata2,ydata2);
12  xlabel(xlabel_str{2});ylabel('Y2');legend('label1','label2');
13  title('image2')
```

用 subplot 绘制子图如图 3-79 所示。

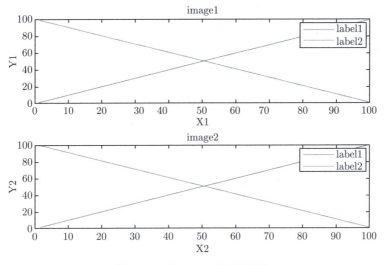

图 3-79　用 subplot 绘制子图

本示例主要对以下两部分进行了补充。

（1）横纵坐标轴设置。

① 坐标轴数据设置：利用 xdata、ydata 函数表示，如上面代码中的 xdata1 = 1∶100；ydata1 = 1∶100。

② 坐标轴名称设置：这个与曲线和字体设置示例中的要点（3）类似，利用 xlabel、ylabel 就能实现，如示例中的 ylabel（'Y1'）。

（2）各个子图的名称设置。利用代码 title 实现：title（'子图名称'），如示例中的 title（'image1'）。

3）局部细节图

在 MATLAB 中也会经常运用 axes 代码实现局部细节图的放大，让图片更加直观。如下面代码所示。

```
1   clc;clear;close all;
2   t=linspace（0,6,300）;
3   t1=linspace（2.8,3.2,300）;
4   y=sin（1./[t-3]）;
5   y1=sin（1./[t1-3]）;
6   figure;
7   plot（t,y）;axis（'equal'）;
8   xlabel（'X1'）;ylabel（'Y1'）;legend（'label1'）;
9   title（'image'）
10  axes（'Position',[0.18,0.62,0.28,0.25]）;
11  plot（t1,y1）;
12  xlim（[min（t1）,max（t1）]）;
```

局部细节图示例如图 3-80 所示。

axes 的使用方法为 axes（'Position',[坐标范围]）。

例如，axes（'Position',[0.18,0.62,0.28,0.25]），0.18 为子图左下角的归一化横坐标位置：（该位置的横坐标 − 横坐标起始值）/横坐标量程 =0.18，0.62 为子图左下角的归一化纵坐标位置：（该位置的纵坐标 − 纵坐标起始值）/纵坐标量程 =0.62。0.28 为子图的归一化宽度，0.25 为子图的归一化高度，具体计算过程同上。

在上述代码中还包含了坐标轴属性设置。在 MATLAB 中一般通过 axis、xlim 命令完成坐标轴的属性设置。

坐标轴属性设置命令常用格式如下。

（1）axis 主要用于对坐标轴进行一定的缩放操作，其操作命令为 axis（[xmin，xmax，ymin，ymax]），用于设置当前坐标轴 x 轴和 y 轴的限制范围。

（2）xlim（[x1,x2]）：用于限定 x 轴，x1 表示 x 轴下限，x2 表示 x 轴上限。

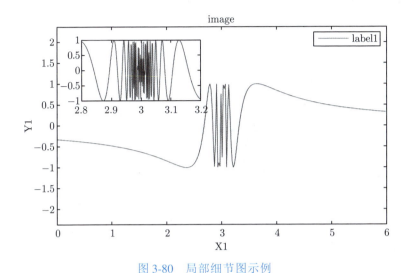

图 3-80　局部细节图示例

axis 命令常用属性如下。

（1）axis（'equal'）：将坐标轴的刻度设为等长度。

（2）axis（'square'）：设置空间坐标系为正方形。

（3）axis（'tight'）：将数据范围设置为坐标范围。

（4）axis（'auto'）：使用默认的设置。

5. 图片保存方法

图片是指用 MATLAB 绘制的图像。在 MATLAB 使用过程中经常遇到需要保存图片的情况，根据实现方式可分为手动保存和自动保存两大类。

1）手动保存

（1）直接另存为：在 Figure 的菜单中找到"文件"，选择"另存为"，即可将图片保存到选中的路径下。

（2）复制到剪贴板：在 Figure 的菜单中找到"编辑"，选择"复制图像"，如图 3-81 所示，将图像复制到剪贴板；还可使用其他软件，如画图等，保存复制好的图像。

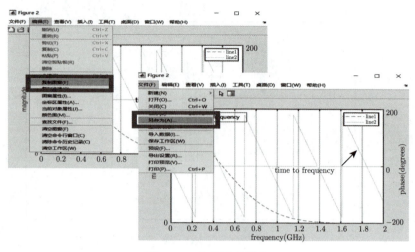

图 3-81　手动保存图片

提高图像的清晰度，可以通过调整分辨率实现。在 Figure 的菜单中找到"文件"，选择"导出设置"，在"渲染"中可以将分辨率提高，再单击"导出"，如图 3-82 所示，就可以导出高清图片。

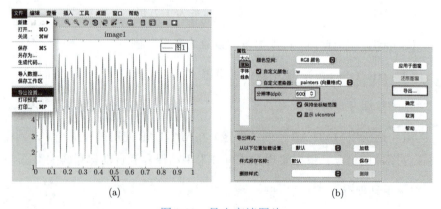

图 3-82　导出高清图片

2）自动保存

自动保存即代码保存。在 MATLAB 中 imwrite 和 saveas 两种命令都可以保存图像，区别如下。

（1）背景色：saveas 保存的图像背景色自动设置为白色；imwrite 保存图

像为所见即所得。

（2）图像大小：saveas 无视所设置图片的大小，按默认保存；imwrite 保存所见即所得。

（3）基本语句格式如下。

saveas 命令：语法为 saveas（gcf,filename）。

imwrite 命令：语法为 imwrite（A,filename）。

MATLAB 通过 saveas 语句设定图片保存路径，为方便编写，可将图片置于 latex 文件的 fig 子文件夹下，每次进行图片修改时再对 LaTeX 进行编译可以自动变为修改后的结果。语法为 saveas（gcf,'文件路径','图片格式'）。

例如：saveas（gcf,'C:/Users/Desktop/latex/fig/figure1','fig'）表示将图片 gcf 以 fig 格式存在路径 C:/Users/Desktop/latex/fig/figure1 下；saveas（gcf,'C:/Users/Desktop/latex/eps/figure1','eps'）表示将图片 gcf 以 eps 格式存在路径 C:/Users/Desktop/latex/eps/figure1 下。

通过这种方法可以将修改后的 fig 图片直接保存为 LaTeX 文件下特定路径的不同格式的图片，大大简化了编写 LaTeX 时的工作步骤，实现了 MATLAB 与 LaTeX 的连接，对报告中的图形进行实时更新，节省了时间，提高了报告的修改效率。图片标题及刻度范围的字号可根据实际要求进行设定，对于相对路径的设定，不同格式文件保存位置不同，要做好区分。

3.5.2 MATLAB 的常见应用

MATLAB 除了绘图，在理工类学科的科研过程中还经常用于数据拟合、频谱分析等操作，本节整理了相关操作步骤。

1. 数据拟合

在使用 MATLAB 处理数据时经常进行数据拟合，简单来说，就是将收集的数据拟合成一条曲线，不要求每个点都精准地位于这条曲线上，只要求这条曲线能够合理地反映数据的趋势。

在科学研究过程中最常用的是多项式拟合。以多项式的形式拟合数据点，多项式使用最小二乘法确定多项式的系数，具体的函数用法如下。

（1）polyfit（X,Y,N）：进行多项式拟合，返回降幂排列的多项式系数。

（2）polyval（P,XI）：计算多项式的值。

其中：X，Y是数据点的值；N是拟合的最高次幂；P是返回的多项式系数；XI是所要求的某一点的横坐标。例如，对以下数据进行多项式拟合，在MATLAB中的代码如下。

```
1  x=[1,2,3,4,5,6,7,8,9];
2  y=[2,4,6,7,8,9,10,11,12];
3  P=polyfit(x,y,3); %P为降幂排列的多项式的系数
4  xi=0:.2:10;
5  yi=polyval(P,xi);
6  plot(xi,yi,x,y,'r*')  %采用三次多项式模型进行拟合
7  xlabel('X1');ylabel('Y1');%坐标轴设置
8  title('多项式拟合'); %图片名称设置
```

运行结果如图3-83所示。

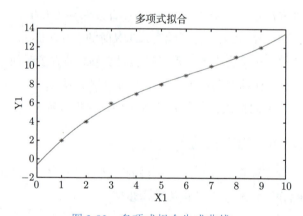

图3-83　多项式拟合生成曲线

2. 频谱分析

在理工类科研活动过程中经常会对信号进行频谱分析，最常见的是离散傅里叶变换（FFT）分析，通过FFT变换可以将信号从时域变换到频域，很多在时域观察不到的信号特征就可以在频域中观察到了。

假设所求的信号数据表达式为

S= 5+2*cos（2*pi*50*t−pi*60/180）+1.5*cos（2*pi* 75*t+pi*30/180）

具体代码如下。

```
1  t=0:1/256:1;
2  y=5+2*cos（2*pi*50*t-pi*60/180）+1.5*cos（2*pi*75*t+pi*30/180）;
3  N=length（t）;
4  plot（t,y）;
5  xlabel（'X1'）;ylabel（'Y1'）;title（'image1'）;legend（'图1'）;
6  fs=256;
7  df=fs/（N-1） ;
8  f=（0:N-1）*df;
9  Y=fft（y）/N*2;
10 figure（2）
11 plot（f,abs（Y））;
12 xlabel（'X2'）;ylabel（'Y2'）;title（'image2'）;legend（'图二'）;
```

生成图像如图 3-84 所示。

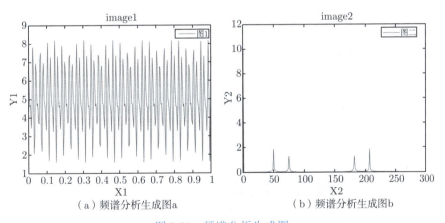

（a）频谱分析生成图a　　　　　　（b）频谱分析生成图b

图 3-84　频谱分析生成图

3. 热力图

热力图是一种有效的可视化手段，可利用颜色的变化、深浅，配合不同的底页，将离散的数据通过密度云图的方式形象地呈现。下面是一个热力图代码示例，主要通过 imagesc 函数绘制球面波在平面上的图形。基本用法为imagesc（x,y,A），A 为伪彩色图像，x、y 分别为二维向量，MATLAB 会在

[x1,x2]*[y1,y2] 范围内染色。代码如下。

```
1  t=0.1;
2  k=2*pi;
3  w=2*pi;
4  for x=1:0.01:10
5      for y=1:0.01:10
6          r=sqrt(x^2+y^2);
7          x_lim=round((x-0.99)*100);
8          y_lim=round((y-0.99)*100);
9          z(x_lim,y_lim)=real(exp(1i*w*t-1i*k*r)/(4*pi*r));
10     end
11 end
12 x=[1:0.01:10];
13 y=[1:0.01:10];
14 imagesc(x,y,z);
15 colorbar;
```

热力图示例如图 3-85 所示。

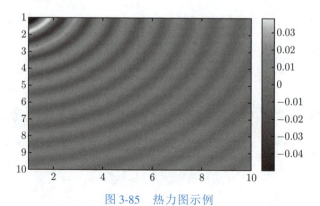

图 3-85　热力图示例

4. GUI 的使用

MATLAB 中的图形用户界面开发环境 GUIDE（GUI Developer）是指采用图形方式显示的计算机操作用户界面，由窗口、控件、光标、按键、菜单和文字说明等对象构成。用户通过一定的方法（如鼠标或键盘）选择、激活这些图形对象，使计算机产生某种动作或变化，如实现计算、绘图等。若要制作一个可供反复使用且操作简单的专用工具，图形用户界面是非常好的选择之一。

采用 GUIDE 创建 GUI 的一般步骤如下：①GUI 对象布局；②打开对象的属性检查器，设置对象的相应属性；③编写必要的回调函数。

1）GUI 的启动

选择 MATLAB 主界面菜单 File→New→GUI 命令，或单击工具栏 GUIDE 图标，或直接在 MATLAB 命令窗口输入 guide，都可弹出对话框 GUIDE 快速入门界面，如图 3-86 所示。在新建 GUI 中提供 4 种模板：Blank GUI（Default），空白模板（默认）；GUI with Uicontrols，带有控件对象的 GUI 模板；GUI with Axes and Menu，带有坐标轴与菜单的 GUI 模板；Modal Question Dialog，带有问答式对话框的 GUI 模板。

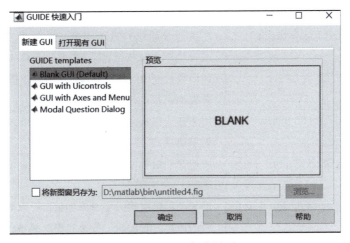

图 3-86　GUI 启动界面

选择 Blank GUI（Default）选项，打开的就是带有空白 GUI 模板的"输出编辑器"界面，如图 3-87 所示。

2）控件功能与属性

GUI 是由各种图形对象组成的用户界面。基本用户界面包括控件对象和用户界面菜单对象,简称控件和菜单。表3-22列出了MATLAB中常用的控件。

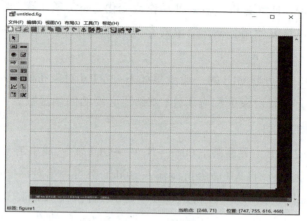

图3-87　输出编辑器界面

表3-22　MATLAB中常用的控件

名　　称	功　　能
按钮	执行某种预定的功能或操作
切换按钮（Toggle Button）	产生一个动作并指示一个二进制状态（开或关），当单击时按钮将下陷,并执行Callback（回调函数）中指定的内容,再次单击,按钮复原,并再次执行Callback中的内容
单选按钮（Radio Button）	用户在一组状态中选择一种单一的状态,或称为单选项
复选框（Check Button）	用户在一组状态中做组合式的选择,或称为多选项
可编辑文本（Editable Texts）	用来使用键盘输入字符串的值,可以对编辑框中的内容进行编辑、替换和删除等操作
静态文本（Static Texts）	仅用于显示单行的说明文字
滑动条（Slider）	可输入指定范围的数量值
列表框（List Boxes）	在其中定义一系列可供选择的字符串
弹出式菜单（Popup Menus）	让用户在一列菜单项中选择一项作为参数输入
坐标区（Axes）	用于显示图形和图像

由于控件不一定完全符合界面设计要求，需要对其属性进行设置，以获得所需的界面显示效果。双击该控件，打开控件的属性检查器。MATLAB 中常用的控件如表 3-23 所示。

表 3-23　控件对象的公共属性

名　　称	说　　明
BackgroundColor	背景色，默认为浅灰色
Callback	回调串，可以是某个 M 文件名或一小段 MATLAB 语句，当用户激活某个控件对象时，应用程序就运行该属性定义的子程序
Enable	控件框可用性状态，取值为 on、inactive 和 off
String	文本字符串，定义控件对象标题或选项内容
Tag	取值为字符串，定义控件的标识值，在任何程序中都可以通过该标识值控制该控件对象

3) GUI 应用示例

下面通过一个具体的示例介绍如何对 GUI 界面进行设计。

（1）以一个简单图形的设计为例，进入输出编辑器界面后，在新建的界面上放置 axes 坐标，三个画图按钮，一个清除按钮，如图 3-88 所示。

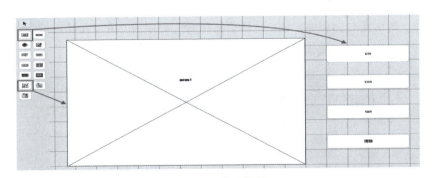

图 3-88　放置控件

（2）双击"Push Button"编辑属性，对"String"属性后的文本进行修改，并记住该文本框对应的句柄，即"Tag"后的内容，如图 3-89 所示。

（3）进入代码，在 Open 初始化函数中增加一个句柄变量，如图 3-90 所示。

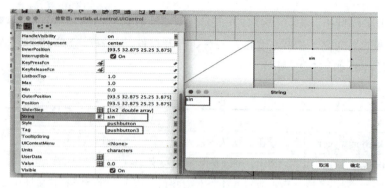

图 3-89 编辑属性

```
% --- Executes just before guishili is made visible.
function guishili_OpeningFcn(hObject, eventdata, handles, varargin)
% This function has no output args, see OutputFcn.
% hObject    handle to figure
% eventdata  reserved - to be defined in a future version of MATLAB
% handles    structure with handles and user data (see GUIDATA)
% varargin   command line arguments to guishili (see VARARGIN)

% Choose default command line output for guishili
handles.output = hObject;

%在Open初始化函数中增加一个句柄变量
handles.x=-pi:0.01:pi;
% Update handles structure
guidata(hObject, handles);

% UIWAIT makes guishili wait for user response (see UIRESUME)
% uiwait(handles.figure1);
```

图 3-90 增加一个句柄变量代码

（4）右击 “Push Button” 按钮，在 “View Callbacks” 菜单下单击 “Callback” 菜单，则出现对应程序界面，跳转至按钮对应程序后，可以在其后编写需要的程序，进行题目要求的计算，如图 3-91 所示。

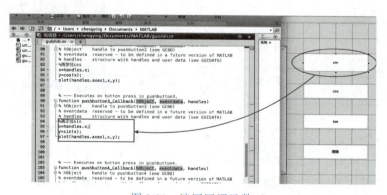

图 3-91 编写回调函数

（5）清除按钮的回调函数如图 3-92 所示。

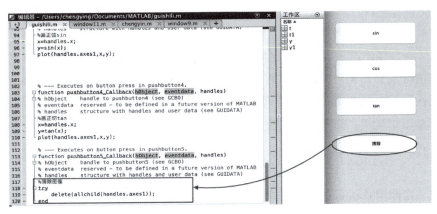

图 3-92　清除按钮的回调函数

（6）单击程序编辑框中的运行按钮，则自动生成并显示设计的 GUI 界面，如图 3-93 所示。具体界面可根据需求自行美化。

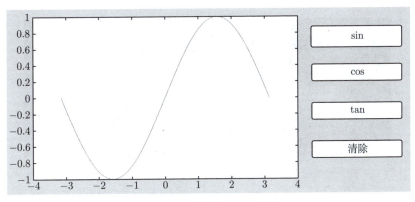

图 3-93　生成的 GUI 界面

3.6　Python 的使用技巧

　　Python 不仅是一种编程语言，也是一种跨平台、开源、免费和解释的高级动态编程语言。Python 可以结合使用多种语言编写的程序实现多种语言的无缝连接，并更好地利用不同语言和工具优势满足不同领域的需求。Python

主要用于 Web 和 Internet 开发、科学计算和统计、人工智能、教育、桌面界面开发、软件开发、后端开发。Python 与性质类似的软件 MATLAB 比较，具有更简洁、准确的特点。

本节循序渐进、由浅入深地详细讲解 Python 的使用技巧，并通过具体实例演练重要知识点的使用流程。首先介绍 Python 和 PyCharm 的下载与安装，其次介绍 Python 语言中的常用语法语句和基本算例，最后介绍 Python 在机器学习中运用、涉及的相关软件。

3.6.1 Python 的安装和使用

在使用 Python 语言进行项目开发时，首先需要搭建其开发环境。

1. Python 的安装

Python 有多种版本，建议安装 3.0 以上版本以获得较完整功能。Python 3.8.5 的安装步骤：进入 Python 官网，单击主菜单栏中的下载栏，可直接选择所需版本进行下载。官网的下载页面如图 3-94 所示。

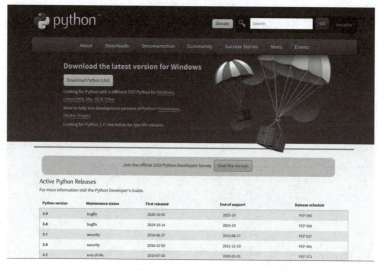

图 3-94　Python 官网

Python 支持多种系统的安装使用，这里主要介绍在 Windows 系统中的下载安装步骤，如图 3-95 所示。

第3章 科研素材的使用和成果撰写 133

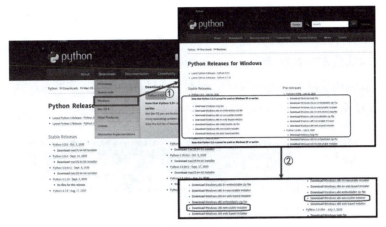

图 3-95　Python 在 Windows 系统中的下载安装

（1）选择 Windows 系统。进入如图 3-95 所示界面。寻找所需的版本 Python 3.8.5，若计算机为 32 位操作系统，选择下载链接 Windows x86 executable installer；若计算机为 64 位操作系统，选择下载链接 Windows x86-64 executable installer。

下载安装后设置环境变量。如图 3-96 所示，进入【我的电脑】→【属性】→【高级系统设置】→【环境变量】。

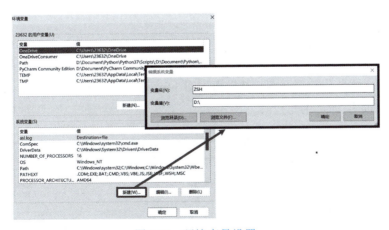

图 3-96　环境变量设置

在系统变量栏选择【新建】，输入任意变量名，变量值为 Python 安装路径,最后单击【path】添加【PythonRot】,即可完成环境变量的设置。

(2)选择 macOS 系统,进入如图 3-97 所示页面。macOS 自带 Python 2.7,由于版本落后不建议使用,也没必要对其进行卸载,其存在并不影响新版本的安装和使用。在页面内寻找所需版本,找到对应链接。由于 macOS 几乎都是 64 位操作系统,因此只需选择 64 位的安装包进行下载。

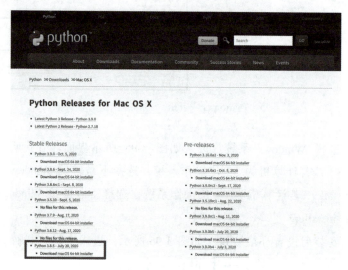

图 3-97　macOS 下载

2. 基本界面

IDLE 是 Python 自带的集成开发环境,相较于 PyCharm 和 Anaconda 不太常用,本节作简要介绍。其界面如图 3-98 所示,单击【File】后,再单击【New File】,即可书写代码。

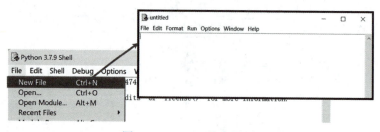

图 3-98　Python 基本界面

打开书写界面后可以在框中输入一些代码,如图 3-99 所示,输入的代码意为已知 x 为 2,y 为 3,z 等于 x 加 y,单击【Run Module】就可以实现一个简单 Python 小程序。

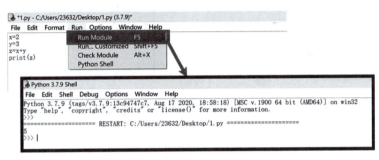

图 3-99　输入代码

3.6.2　PyCharm 的安装和使用

PyCharm 是一个非常著名的集成开发环境,很多开发者都在使用 PyCharm 高效地开发应用。PyCharm 作为 Python 编程时的首选编译器,易于学习和使用,大数据调查显示,它具有简单、清晰、易学的语法和代码风格,使初学者和专业开发人员都能够快速上手并编写高质量的代码。同时,PyCharm 也是开发者最喜欢的 Python 开发工具之一,广泛应用于不同领域。本节介绍 PyCharm 的安装与使用技巧。

1. PyCharm 的下载安装

PyCharm 作为一款开源的 Python 集成开发环境,不仅易于学习和使用,而且功能强大、扩展性强,是 Python 开发过程中不可或缺的工具之一。这里以 Windows 系统安装环境下为例简单介绍 PyCharm 的安装方法。

(1)进入 PyCharm,选择【Community ➞ 下载】,如图 3-100 所示,下载后运行,进入安装窗口,自定义安装路径,单击【Next】设置权限。进入下一个界面单击【install】进行安装,安装结束后单击【finish】。

(2)PyCharm 基本安装完成后,启动软件自行设置界面样式。首次打开软件时会弹出如图 3-101 所示窗口。若存在原有的配置文件,则选择【Config or installation directory】并找到所需文件地址,最后单击【OK】;若为首次使用 PyCharm，则选择默认的【Do not import settings】。

图 3-100　PyCharm 下载及权限设置

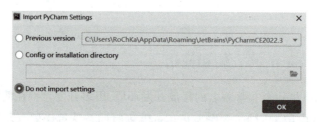

图 3-101　是否导入配置文件

（3）进入 PyCharm 的初始界面，如图 3-102 所示。至此，整个 PyCharm 的安装与基础设置结束。

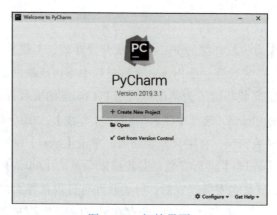

图 3-102　初始界面

2. PyCharm 项目的新建与设置

完成 PyCharm 的安装后，正确创建新的项目是 PyCharm 能够正常使用的前提。创建新项目有以下两种方法。

方法一：

（1）在初始界面中选择【Create New Project】，开始新项目的创建，如图 3-102 所示。

（2）此时需要添加【Project Interpreter】项目解释器（注意 PyCharm 提供的仅是编译环境）。

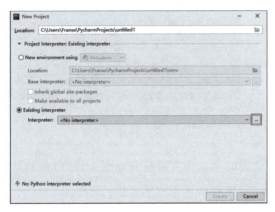

图 3-103　新项目设置

单击如图 3-103 所示中的"…"，进入如图 3-104 所示界面，选择 Python 安装目录下的【python.exe】，再单击【OK】。

图 3-104　选择编译器

（3）单击图 3-103 中的【Create】完成项目新建。

方法二：

（1）单击界面左上角【File】→【New Project】建立新项目，如图 3-105 所示。

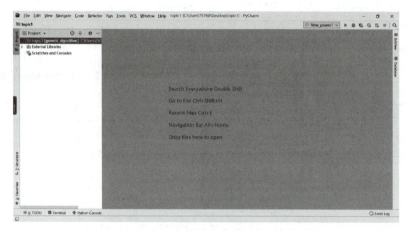

图 3-105　创建新项目

（2）在创建完成的项目中右键打开如图 3-106 所示的新建菜单，选择新建【Python File】，创建 Python 的专属文件。

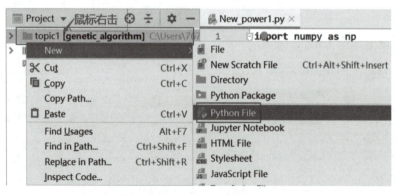

图 3-106　Python 文件的创建

（3）新项目创建完成，就可以在建好的.py 文件中输入 Python 代码。项目界面分为目录区、代码区、结果区三个基本功能区，在代码区中输入 Python 代码，程序示例如图 3-107 所示。

第3章 科研素材的使用和成果撰写

```
num=[]
i=2
for i in range(2,100):
    j=2
    for j in range(2,i):
        if(i%j==0):
            break
    else:
        num.append(i)
print(num)
```

图 3-107 程序示例

单击如图 3-107 所示右上角的三角符号，即可运行程序。得到的结果数据可在结果区查看，如图 3-108 所示。

```
C:\Users\hp\anaconda3\python.exe C:/Users/hp/PycharmProjects/sort/main.py
[2, 3, 5, 7, 11, 13, 17, 19, 23, 29, 31, 37, 41, 43, 47, 53, 59, 61, 67, 71, 73, 79, 83, 89, 97]

Process finished with exit code 0
```

图 3-108 程序结果

在更高级的应用中，一个项目往往包括许多 Python 文件，可以通过在项目文件夹中创建更多的 Python 文件实现功能的模块化，以不断扩展程序实现更多、更复杂的功能，同时避免过多程序代码在同一个文件集中产生冗杂现象。包含多个文件的 Python 项目目录如图 3-109 所示。

图 3-109 包含多个文件的 Python 项目目录

3.6.3 常用代码

为进一步了解 Python 语言的核心内容，本节将详细介绍 Python 语言的常用代码，主要包括内置代码和绘图代码两部分。

1. 内置代码

常用内置代码大致包括以下四类函数。

（1）数学类内置函数如表 3-24 所示。

表 3-24 数学类内置函数

函　　数	作　　用
abs（）	取绝对值
max（）	取最大值
min（）	取最小值
len（）	求序列长度
divmod（a,b）	取模，返回元组（a//b, a%b）
pow（a, b）	乘方，返回 a 的 b 次方

（2）类型转换类内置函数如表 3-25 所示。

表 3-25 类型转换类内置函数

函　　数	作　　用
int（x）	整形转换，返回整型数据
long（x）	长整形转换，返回长整型数
float（x）	浮点数转换，返回浮点数
bin（）	返回一个整数 int 或者长整数 long int 的二进制表示
str（x）	将 x 转化成具体的可供阅读的形式
list（x）	将元组转换为列表
tuple（x）	将列表转换为元组
chr（x）	返回 x 对应的 ASCII 字符
ord（x）	返回字符对应的 ASCII 码数字编号
hex（x）	将 10 进制整数转换成 16 进制字符串
oct（x）	将一个整数转换成 8 进制字符串
complex（x,y）	生成一个 x+y*j 的复数
complex（x）	将 x（字符串或者数）转换为复数

（3）字符串处理类内置函数如表3-26所示。

表3-26　字符串处理类内置函数

函　　数	作　　用
str.capitalize（）	首字母大写
str.replace（）	字符串替换
str.split（）	字符串切割

（4）其他内置函数如表3-27所示。

表3-27　其他内置函数

函　　数	作　　用
callable（object）	Object可调用，则返回True；否则，返回False
isinstance（object, classinfo）	类型判断：如果对象的类型与参数二的类型（classinfo）相同则返回True；否则，返回False
cmp（x, y）	比较x和y：若x＜y，则返回-1；若x==y，则返回0，若x＞y，则返回1
map（）	并行遍历
zip（）	并行遍历

2. 常用绘图代码

Python绘图通常采用turtle绘图库和matplotlib绘图库。matplotlib代码库中简单的绘制代码如下。

```
1  import numpy as np
2  import matplotlib.pyplot as plt
3  x = np.arange（9）  # x轴取点[0,1,2,3,4,5,6,7,8]
4  y1 = x ** 1.5 + x
5  y2 = [1, 4, 9, 16, 1, 16, 81, 124, 7]
6  plt.figure（）
7  plt.plot（x, y1, marker='D', label='line1'）  # 绘制函数y1
8  plt.plot（y2, marker='>', label='line2'）  # 绘制折线y2
9  plt.plot（np.linspace（1, 9, 9）, marker='<', label='line3'）
                      # 利用linspace函数作斜线
```

```
10  plt.legend(fontsize=18)
11  plt.xlabel('X axis (m)', fontsize=14)
12  plt.ylabel('Y axis (m)', fontsize=14)
13  plt.rc('xtick', labelsize=24)
14  plt.rc('ytick', labelsize=24)
15  plt.show()
```

通过以上代码得到的效果图如图 3-110 所示。

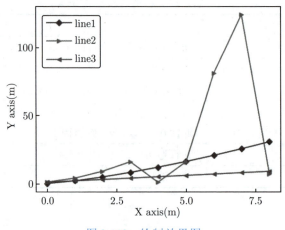

图 3-110　绘制效果图

3.6.4　基本算例

本节介绍经典的 Python 算法题目、思路和答案，适合 Python 初学者使用，可以当作 Python 入门算法工具书。

1. 汉诺塔问题

汉诺塔问题是一个经典的算法问题，要求从位置 A 到位置 C 移动 n 个从上到下依次减小的圆盘，并且保持大圆盘始终在小圆盘下。其本质是一个递归问题。解决该问题的具体代码如下：

```
1  def hanoi(n,a,b,c):
2      if n==1:
```

```
3          print(a,'->',c,end=' ')
4      else:
5          hanoi(n-1,a,c,b)    #把除了最大的盘子之外的所有盘子从A移到B
6          hanoi(1,a,b,c)      #把最大的盘子从A移到C
7          hanoi(n-1,b,a,c)    #把除了最大的盘子之外的所有盘子从B移到C
8  hanoi(6,'A','B','C')
```

对于汉诺塔问题，定义 Hanoi（）函数，其中使用了双分支选择结构，通过判断 n 是否为 1 选择是否进行递归，当 n 不为 1 时通过 Hanoi（）函数的多次递归使 n 逐渐降低为 1，实现了 n 个从上到下依次减小的圆盘从位置 A 到位置 C 的移动，且依然保持圆盘从上到下依次减小的顺序，并将实现过程输出，运行结果如图 3-111 所示。

```
A -> B  A -> C  B -> C  A -> B  C -> A  B -> A  B -> C
B -> C  B -> A  C -> A  B -> C  A -> B  C -> B  C -> A
C -> A  C -> B  A -> B  C -> A  C -> A  A -> C  A -> B
A -> B  A -> C  B -> C  A -> B  C -> A  B -> A  B -> C
B -> C  B -> A  C -> A  B -> C  A -> B  C -> B  C -> A
C -> A  C -> B  A -> B  C -> B  A -> C  A -> B  A -> B
A -> B  A -> C  B -> C  A -> B  C -> A  B -> A  B -> C
B -> C  B -> A  C -> A  B -> C  A -> B  C -> B  C
```

图 3-111 汉诺塔程序运行结果

2. 冒泡排序算法

冒泡排序算法也是一种简单直观的排序算法，它重复遍历要排序的数列，一次比较两个元素，如果它们的顺序错误就进行交换，直到不再需要交换，也就是说该数列已经排序完成。这个算法的名字由来是因为越小的元素会经由交换慢慢"浮"到数列的顶端。算法步骤如下。

（1）比较相邻的元素，如果第一个比第二个大，就进行交换。

（2）对每一对相邻元素做同样的工作，这步做完后，最后的元素即为最大的数。

（3）除了最后一个元素，针对所有元素重复以上步骤。

持续对越来越少的元素重复以上步骤，直到没有任何一对元素需要交换。以下代码就是冒泡排序法最简单的形式。

```
1   def bubbleSort(arr):
2       for i in range(1, len(arr)):
3           for j in range(0, len(arr)-i):
4               if arr[j] > arr[j+1]:
5                   arr[j], arr[j + 1] = arr[j + 1], arr[j]
6       return arr
```

3. 快速排序算法

快速排序算法是一种应用极为广泛的排序算法，最早由东尼·霍尔提出。这种算法极大地降低了排序的时间复杂度，是谷歌、百度等搜索引擎所使用复杂算法的基础。掌握、使用快速排序算法可以帮助科研人员提升整理工作数据的效率。具体代码如下。

```
1    def quickSort(lists,i,j):
2        if i >= j:
3            return lists
4        pivot = lists[i]
5        low = i
6        high = j
7        while i<j:
8            while i<j and lists[j]>=pivot:
9                j-=1
10           lists[i] = lists[j]
11           while i<j and lists[i]<=pivot:
12               i+=1
13           lists[j]=lists[i]
14       lists[j]=pivot
15       quickSort(lists,low,i-1)
16       quickSort(lists,i+1,high)
17       return lists
18
19   if __name__=="__main__":
```

```
20  lists=[2,334,2,12,3,1,4,4,2,3423,5,34,5]
21  print("排序前的序列为：")
22  for i in lists:
23      print(i, end=" ")
24  print("\n排序后的序列为：")
25  for i in quickSort(lists, 0, len(lists)-1):
26      print(i,end = " ")
```

代码中使用 def（）函数定义了快速排序算法的三个参数，分别为 lists、i、j，lists 参数为一个列表，包含所需的原始数据，i 为需要快速排序的第一个数的序号（注意列表中第一个数序号为 0），j 为需要快速排序的最后一个数的序号。在函数定义中使用了 while 循环结构的嵌套与单分支选择结构，并通过多次递归调用 quickSort（）自身实现排序。这种算法的空间与时间复杂度相对较小，具有较强的应用前景。

代码运行结果如图 3-112 所示。

[1, 2, 2, 2, 3, 4, 4, 5, 5, 12, 34, 334, 3423]

图 3-112　快速排序算法运行结果

4. 可视化实例分析

Python 可在科研活动中用于数据处理、分析等工作，其中，Python 数据的可视化编程具有重要意义。下面以观察快速傅里叶变换（FFT）为例，使用 Python 的 numpy 模块进行数据初始化，再使用 matplotlib 模块进行绘图数据分析。具体代码如下。

```
1  # -*-coding:utf-8 -*-
2  #导入numpy库和matplotlib库
3  import numpy as np
4  import matplotlib.pyplot as plt
5
6  #下面这段代码用于解决模拟出的图像无法显示中文问题
7  import matplotlib as mpl
8  mpl.rcParams['font.sans-serif']=['SimHei']
```

```
9   mpl.rcParams['axes.unicode_minus']=False
10
11  #数据初始化
12  sampling_rate=8000
13  fft_size=512
14  t=np.arange(0,1.0,1.0/sampling_rate)
15  x=np.sin(2*np.pi*156.25*t)+2*np.sin(2*np.pi*234.375*t)
16  xs=x[:fft_size]
17  xf=np.fft.rfft(xs)/fft_size
18  freqs=np.linspace(0,sampling_rate/2,int(1+fft_size/2))
19  xfp=20*np.log10(np.clip(np.abs(xf),1e-20,1e100))
20  plt.figure(figsize=(8,4))#调整绘制图像大小
21  plt.subplot(211)#分割图像为上下两部分
22  plt.plot(t[:fft_size],xs)
23  plt.xlabel(u"t/s")#标注横坐标
24  plt.title(u"156.25Hz和234.375Hz的波形和频谱")#标注图像名
25  plt.subplot(212)
26  plt.plot(freqs,xfp)
27  plt.xlabel(u"频率(Hz)")
28  plt.subplots_adjust(hspace=0.4)
29  plt.show()#绘制图像
```

代码中首先定义了 sampling_rate 和 fft_size 两个常数，分别表示数字信号的取样频率和 FFT 的长度。之后使用 np.arange()函数生成间隔为 1 的矩阵，这是 Python 类似于 MATLAB 的一种矩阵初始化方法。类似的，上述代码中很多函数都是 MATLAB 中的函数前面加 plt. 构成，这些函数大部分来源于 Python 中的库 matplotlib，这个库是模仿 MATLAB 建立的，所以很多函数的名称都与 MATLAB 中的相同，如 subplot()分割函数、plot()二维绘图函数、xlabel()坐标轴标注函数等。需要注意的是：代码绘制图像完毕后，要在最后加 show()函数；否则，虽然图像会在运行中绘制，但是无法显示，也就无法可视化。

FFT 运行结果如图 3-113 所示。

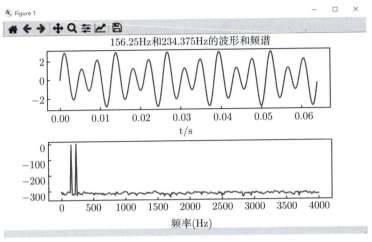

图 3-113　FFT 运行结果

运行结果为坐标图 Figure 1，但是还需要对运行得到的模拟图像进行保存，单击下方图标中最靠右的图标，即可弹出保存图片窗口对图片进行保存，如图 3-114 所示。

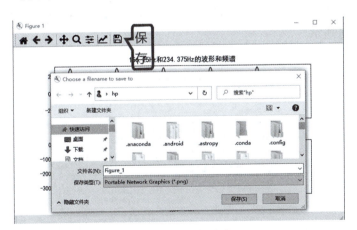

图 3-114　保存图片

通过以上操作可知，在可视化编程中，matplotlib（plt）作为 Python 的专用绘图模块具有十分关键的作用。

3.6.5 机器学习

Python 在智能机器及人工智能中的运用需要借助更多第三方模块的支持。对 Python 的深度学习主要围绕 TensorFlow 等常用模块展开。这里对一些常用模块进行简要介绍。

1. 安装常用模块

在 Python 中安装第三方模块是通过包管理工具 pip 完成的。macOS 和 Linux 系统自带 pip，无须安装。而对于 Windows 系统，安装 Python 的过程中需要勾选【pip】和【Add python.exe to Path】两项。通常第三方库需要在 Python 官方的 pypi.python.org 网站注册。安装第三方库就可以在该网站上搜索，例如查找到 Pillow 模块，安装 Pillow 的命令是 pip install pillow。值得注意的是，macOS 或 Linux 上有可能并存 Python 3.x 和 Python 2.x，此时对应的 pip 命令是 pip3。

2. Anaconda 的下载与安装

Anaconda 是一个基于 Python 的数据处理和科学计算平台，自身内置了许多有用的第三方模块库。Anaconda 安装成功，相当于自动安装了许多第三方模块，其中包括常用的 NumPy 和 pandas。

Anaconda 下载后运行程序进行安装，过程中需注意添加路径的环境变量，如图 3-115 所示。

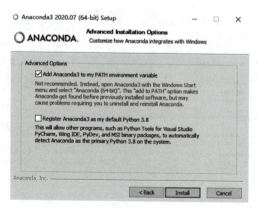

图 3-115　添加环境变量

安装完成后可进入 Windows 的命令模式，如图 3-116 所示。输入 conda

-- version 检测 Anaconda 环境是否安装成功，若安装成功，则显示对应的 Anaconda 版本。

图 3-116　检测是否安装成功

输入 conda info -- envs 查看已安装的环境变量。如图 3-117 所示，可以看到安装成功的 Anaconda3 环境变量。

图 3-117　查看环境变量

安装成功后，运行 Anaconda 进入如图??所示界面，在首页【Home】中出现的是各种第三方模块的菜单。

图 3-118　Anaconda 运行界面及菜单

注册 Anaconda 账号，成为 Anaconda 核心会员，登录即可选择并安装任意第三方模块。

3. TensorFlow 的下载与安装

TensorFlow 是由 Google 公司推出的最流行的深度学习开发工具之一。TensorFlow 由 Tensor（张量）和 Flow（流）组成。Tensor（张量）是深度学习中的数据类型，类似其他编程语言中的整型、浮点型、字符串等数据类型。Flow（流）表明 TensorFlow 的程序开发方式：首先设计好模型架构，模型架构规定了张量在模型中的流动方式；其次将张量（样本数据）注入上述模型，完成模型训练。

建议 TensorFlow 通过 Anaconda 安装：在 Anaconda 环境下，输入 conda create -- name tensorflow python=3.6，下载另外版本的 Python，再进行以下操作。

（1）输入 activate tensorflow 激活 TensorFlow，如图 3-119 所示。

图 3-119　激活 TensorFlow

（2）输入 pip install -i https://pypi.tuna.tsinghua.edu.cn/simple tensorflow==1.14.0 安装 TensorFlow，如图 3-120 所示。

图 3-120　输入指定代码

接下来系统会自动安装，出现自动运行的大段代码，这里不做讲解。

（3）验证是否安装成功。在 cmd 中输入 Python，然后依次输入以下 4 行代码。（图 3-121 为第一行代码）

import tensorflow as tf
hello = tf.constant（'Hello tensorflow'）
sess = tf.Session（）
print（sess.run（hello））

图 3-121　输入第一行代码

此行代码将 "tensorflow" 等价为 "tf"，运行过程如图 3-121 所示，图中出现的代码仅为系统运行产生，不做解释。依次键入接下来 3 行代码，分别得到对应结果。（此处仅为示例，也可输入其他合理的验证代码）

若此验证过程中未出现系统报错，所得结果如图 3-122 所示，则表示安装成功。

图 3-122　代码运行结果

（4）TensorFlow 的编程环境可分为以下 4 层。

引擎层：引擎层是 TensorFlow 的核心，解决了 TensorFlow 在多个节点上的分布式计算、多个节点之间协同的问题。

语言层：语言层的目的是提供开发语言的接口，通过各种开发语言调用 TensorFlow 的引擎。语言层对下调用 TensorFlow 分布式计算引擎，将开发语言的各种运算逻辑映射成分布式计算引擎的运算逻辑。

神经网络层：神经网络层是将深层神经网络的模型构建、模型训练、结果评估等环节封装成各种对象。例如，将深层神经网络模型的层、训练数据集、模型评价指标等封装成对象，方便我们构建和训练深层神经网络模型。

预置模型层：对应 Estimator，是对完整 TensorFlow 模型的封装。借助 Estimator，只需要定义输入函数、特征列，以及 Estimator 的初始化，就能轻松完成一个深度学习模型的开发。

以下为 TensorFlow 的一个示例。

具体代码如下。

```
#!/usr/local/bin/python3
```

```
2   #-*-coding:UTF-8-*-
3
4   import tensorflow as tf
5   import numpy as np
6   tf.compat.v1.disable_eager_execution()
7
8   a2d = tf.constant([1,2,3,4,5,6],shape = [2,3], name = "a2d")
9   #2维张量'a2d'
10
11  b2d = tf.constant([7,8,9,10,11,12],shape = [3,2],name = "b2d")
12  #2维张量'b2d'
13
14  c2d = tf.matmul(a2d,b2d,name = "c2d")
15  #矩阵乘法,张量'a2d'乘以张量'b2d',输出张量'c2d'
16
17  a3d = tf.constant(np.arange(1,13,dtype = np.int32),shape =
        [2,2,3], name = "a3d")
18  #3维张量'a3d'
19
20  b3d = tf.constant(np.arange(13,25,dtype = np.int32),shape =
        [2,3,2], name = "b3d")
21  #3维张量'b3d'
22
23  c3d = tf.matmul(a3d, b3d, name = "c3d")
24  #矩阵乘法,张量'a3d'乘以张量'b3d',输出张量'c3d'
25
26  #with的作用是确保with语句之外,with语句内打开的对象关闭
27  #本例中确保sess对象在with语句之外关闭
28  with tf.compat.v1.Session() as sess:
29      print("Tensor c2d is:\n")
30      print(sess.run(c2d))
31      print("Tensor c3d is:\n")
```

```
32    print（sess.run（c3d））
33
34    #将数据图保存到日志中，之后可以通过Tensorboard查看
35    writer=tf.compat.v1.summary.FileWriter('./graph2', sess.graph)
36    writer.flush（）
37    writer.close（）
```

TensorFlow 运行结果如图 3-123 所示。

图 3-123　TensorFlow 运行结果

张量 c3d 的计算结果如图 3-124 所示。

```
Tensor c3d is:

[[[ 94 100]
  [229 244]]

 [[508 532]
  [697 730]]]
```

图 3-124　张量 c3d 的计算结果

4. 机器学习实例：以 K-Means 聚类算法为例

K-Means 聚类算法是一种典型的基于划分的聚类算法，也是一种无监督学习算法。K-Means 聚类算法的思想简单，对于给定的样本集，用欧几里得距离作为衡量数据对象间相似度的指标，相似度与数据对象间的距离成反比，相似度越大，距离越小。使用 Python 的 sklearn 模块进行数据初始化，再使用 matplotlib 模块进行绘图数据分析。K-Means 聚类算法代码如下。

```python
from sklearn import datasets
from sklearn import model_selection
from sklearn.cluster import KMeans
import matplotlib.pyplot as plt

# step1.加载数据
iris = datasets.load_iris()

X = iris.data[:,:4]
# 3.搭建模型，构造K-Means聚类器
estimator = KMeans(n_clusters=3)
#开始聚类训练
estimator.fit(X)
# 获取聚类标签
label_pred = estimator.labels_
# 绘制数据分布图（以花萼长度和宽度为展示依据）
plt.scatter(X[:, 0], X[:, 1], c="red", marker='o', label='see')
plt.xlabel('calyx length')
plt.ylabel('calyx width')
plt.legend(loc=2)
plt.show()
# 绘制K-Means结果
x0 = X[label_pred == 0]
x1 = X[label_pred == 1]
x2 = X[label_pred == 2]
plt.scatter(x0[:,0],x0[:,1],c="red",marker='o', label='label0')
plt.scatter(x1[:,0],x1[:,1],c="green",marker='*', label='label1')
plt.scatter(x2[:,0],x2[:,1],c="blue",marker='+', label='label2')
```

```
29  #花萼的长宽
30  plt.xlabel('calyx length')
31  plt.ylabel('calyx width')
32  plt.legend(loc=2)
33  plt.show()
34
35  #以花瓣长度和宽度为展示依据
36  # 绘制数据分布图（以花瓣长度和宽度为展示依据）
37  plt.scatter(X[:, 2], X[:, 3], c="red", marker='o', label='see')
38  plt.xlabel('petal length')
39  plt.ylabel('petal width')
40  plt.legend(loc=2)
41  plt.show()
42  # 绘制K-Means结果
43  x0 = X[label_pred == 0]
44  x1 = X[label_pred == 1]
45  x2 = X[label_pred == 2]
46  plt.scatter(x0[:, 2],x0[:, 3],c="red",marker='o',label='label0')
47  plt.scatter(x1[:, 2],x1[:, 3],c="green",marker='*',label='label1')
48  plt.scatter(x2[:, 2],x2[:, 3],c="blue",marker='+',label='label2')
49  #花瓣的长宽
50  plt.xlabel('petal length')
51  plt.ylabel('petal width')
52  plt.legend(loc=2)
53  plt.show()
```

运行结果如图 3-125 和图 3-126 所示。

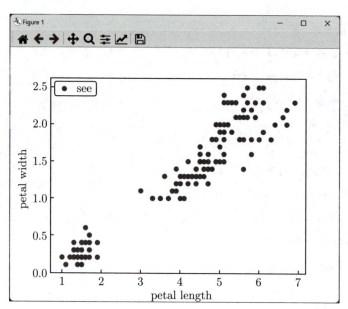

图 3-125　聚类前数据分布图

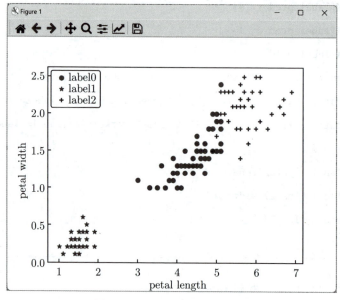

图 3-126　*K*-Means 聚类结果

3.7 公式编辑

在论文和报告中插入公式是理工类科研文档中必要的部分，为了便于插入与编辑公式，需要用到一些公式编辑器，如 MathType、AxMath 和 Mathpix Snipping Tool 等。本节将详细介绍这些公式编辑器的安装和使用方法。

3.7.1 MathType

Word 中一般使用 MathType 插入与编辑公式，本节对 MathType 作简单介绍。

1. 下载及安装

（1） MathType 下载界面如图 3-127 所示。

图 3-127　MathType 下载界面

（2）在 Word 中兼容 MathType 的官方教程。

① 如何解决 MathType 兼容 Office 2016 的问题。

② 如何解决 MathPage.wll 或 MathType.dll 文件找不到的问题。

③ 如图 3-128 所示，正常安装 MathType 后，打开 Word 即可看到 MathType 的标签。若无此标签，则找到"加载项"属性栏，选择其中的【获取加载项】，在弹出的 Office 加载项中搜索"MathType"，将其作为加载项添加即可。

若 MathType 加载项在 Word 中呈现无法使用的灰色状态，则可能是兼容步骤操作错误。

图 3-128　MathType 在 Word 中的界面图例

2. 公式调整

（1）空格输入。在 MathType 中插入空格，直接使用空格键是无法实现的。应单击功能栏中的"样式"，选择【文本】，然后在需要输入空格的位置正常使用空格键输入，MathType 中输入空格的图例如图 3-129 所示。

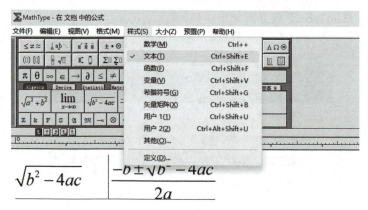

图 3-129　MathType 中输入空格的图例

（2）插入右公式。学术论文要求每个公式右侧标注公式序号。在 Word 中单击工具栏中的【右编号】可快速添加此类公式，MathType 在 Word 中插入右公式的图例如图 3-130 所示。

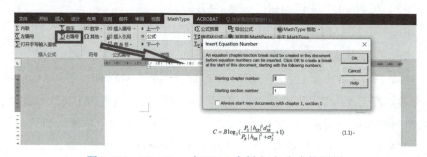

图 3-130　MathType 在 Word 中插入右公式的图例

（3）公式大小调整。利用 MathType 可以批量修改文档中公式的大小。在 MathType 界面中选择【大小】后单击【定义】，定义尺寸图例如图 3-131 所示。

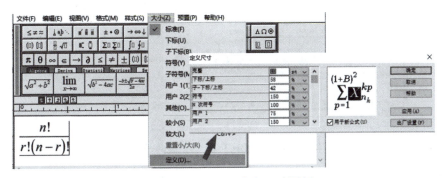

图 3-131　MathType 定义尺寸图例

调整到所需尺寸后，选择【预置】，单击【公式预置】，并选择【保存到文件】，如图 3-132 所示。

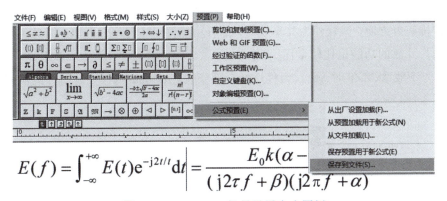

图 3-132　MathType 批量设置大小图例

然后，返回 Word 文档，单击 MathType 页标签，选择【格式化公式】，在 "format equation" 对话框中，单击【MathType preference file】下的【browse】，选择【文件来源】，勾选【whole document】即可。

（4）MathType 快捷键的使用方法详见附录 D MathType 常用快捷键。

3. 公式转化为 LaTeX 可编辑文本

MathType 中公式可转化为 LaTeX 可编辑文本。如图 3-133 所示，单击工具栏中的【预置】,修改【剪切和复制预置】设置。将【剪切和复制预置】设置更改为【转换到其他语言(文本)】,在下拉选项中选择需要的格式。设定完成后,在 MathType 中复制的公式,即可转化为 LaTeX 可编辑文本。

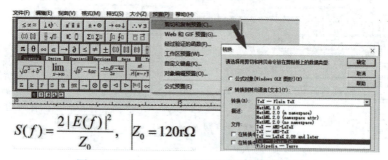

图 3-133　MathType 剪切和复制预置设置图例

3.7.2　AxMath

1. 下载安装

AxMath 支持 AMS/LaTeX 数学符号标准,且具有图形化的排版布局设定,使排版更方便。该软件为共享软件,部分功能仅对注册用户开放,但对免费用户开放的功能也比较全面。

下载 AxMath 时,建议组件选择全部安装,AxMath 选择安装组件图例如图 3-134 所示。

图 3-134　AxMath 选择安装组件图例

2. 与 Office 兼容

以 Word 2016 为例,官方图标介绍如图 3-135 所示。安装完成后,Word 中会出现 AxMath 的标签,点开标签即可看到相关选项。

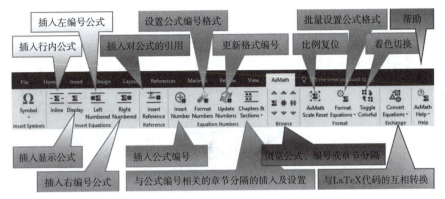

图 3-135　Word 中 AxMath 标签及选项介绍图例

3. LaTeX 语法编辑器模式

AxMath 面板的内容比 MathType 和 Word 自带的编辑器更加丰富，例如 AxMath 中的 LaTeX 语法编辑器模式如图 3-136 所示，可以直接通过编辑 LaTeX 代码输入公式。此外，AxMath 软件具有强大的提示功能，可有效提升公式编辑效率。

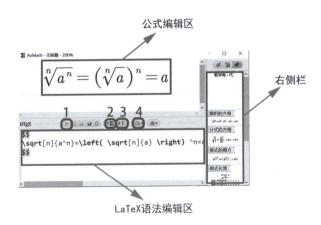

图 3-136　AxMath 中 LaTeX 语法编辑器模式图例

如图 3-136 所示，单击 1 号框中图标或按下快捷键【Shift+Enter】，即可将 LaTeX 脚本转换为公式，单击 2 号框中图标，可将公式还原为 LaTeX 语法脚本，单击 3 号框中图标或者按下快捷键【Ctrl+Tab】，可实现面板编辑模式和 LaTeX 语法编辑器模式的转换。

单击如图 3-136 所示 4 号框中图标，再单击【设置】，可在【公式排版】选项卡中设置公式字体及其大小；也可以对数学符号的比例、间距等进行设置。在帮助栏中还可获取帮助文档，图 3-137 为 AxMath 帮助文档目录。

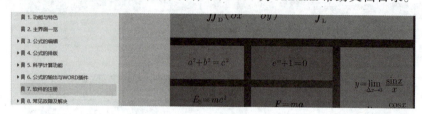

图 3-137　AxMath 帮助文档目录

3.7.3　公式截图转换软件

通过 Mathpix Snipping Tool 软件可以截取复杂数学公式，并将其转换为 LaTeX 可编辑文本。关于软件的使用方法及下载方式可扫描旁边二维码获取。

Mathpix 下载

下载安装后，在需要截取公式的页面，在 macOS 系统中按下【Ctrl+&+M】，在 Windows 和 Linux 系统中按下【Ctrl+ Alt+M】会出现截屏窗口，截取需要的公式后，会自动弹出该窗口，如图 3-138 所示。

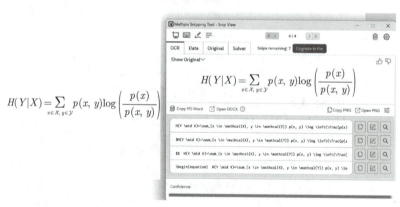

图 3-138　Mathpix 截取公式后弹出窗口图例

单击如图 3-138 所示方框内图标，将代码复制到 LaTeX 中，即可生成 LaTeX 可编辑文本，如图 3-139 所示。也可将此 LaTeX 文本导入任何兼容的编辑器，如 MathType 和 AxMath，使用【Ctrl+V】即可将剪贴板上的文本转化为公式，如图 3-140 和图 3-141 所示。

第3章 科研素材的使用和成果撰写

```
$H(Y \mid X)=\sum_{x \in \mathcal{X}, y \in \mathcal{Y}} p(x, y) \log \left(\frac{p(x)}{p(x, y)}\right)$
```

图 3-139　将文本复制到 LaTeX 中图例

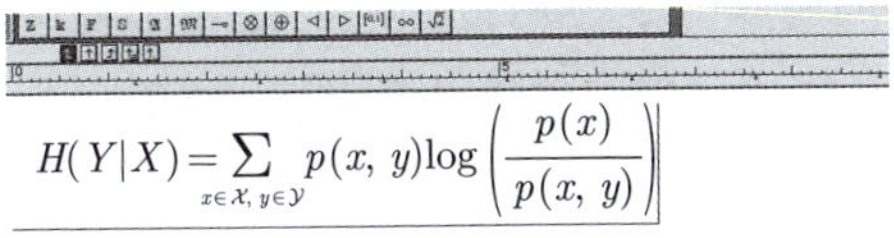

$$H(Y|X)=\sum_{x\in\mathcal{X},\,y\in\mathcal{Y}} p(x,y)\log\left(\frac{p(x)}{p(x,y)}\right)$$

图 3-140　将文本复制到 MathType 中图例

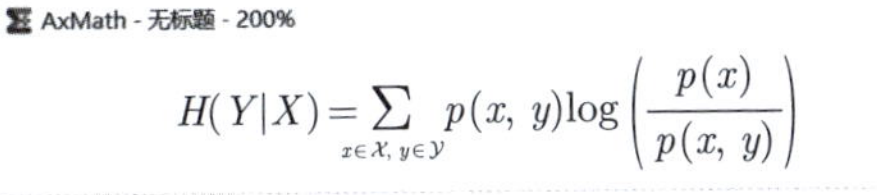

$$H(Y|X)=\sum_{x\in\mathcal{X},\,y\in\mathcal{Y}} p(x,y)\log\left(\frac{p(x)}{p(x,y)}\right)$$

图 3-141　将文本复制到 AxMath 中图例

以 Mathpix V3.00 为例,可直接将公式导入 Word 文档。单击如图 3-142 所示方框中图标,进行复制后,直接粘贴至所需插入公式处即可。

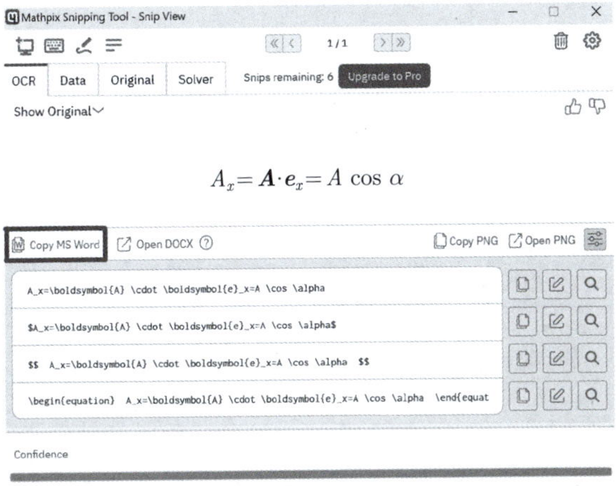

图 3-142　Mathpix 将公式直接导入 Word 中图例

在 Word 文档中粘贴的效果如图 3-143 所示。

$$A_x = \boldsymbol{A} \cdot \boldsymbol{e}_x = A \cos \alpha$$

图 3-143　公式在 Word 文档中的粘贴效果示例

3.8 问卷调查

调查问卷又称调查表或询问表,是以问题的形式系统地记载调查内容的一种印件。其中,"问卷星"是使用最普遍的问卷小程序,它操作简单便捷,容易上手。因此,本节以"问卷星"为例进行介绍。

3.8.1 问卷星

问卷星是一个专业的在线问卷调查、考试、测评、投票平台。问卷星与传统调查方式和其他调查网站或调查系统相比,具有快捷、易用、低成本的明显优势,已经被大量企业和个人广泛使用。本小节具体讲解其使用教程。

在微信或者QQ中输入"问卷星"进行搜索,图 3-144 为微信搜索问卷星页面。注册页面如图 3-145 所示。

图 3-144　问卷星微信搜索页面

图 3-145　问卷星官网注册页面

正常给予小程序授权后,可根据实际需要选择类型,创建问卷。问卷星也提供了许多问卷模板,方便使用。以调查问卷为例,输入名称创建问卷后,可自行选择是否添加问卷介绍。单击添加题目，会出现问卷星提供的基础题型、题目模板及批量添加题目三个模块，基础题型如图 3-146 所示。

图 3-146　问卷星基础题型

问卷星的题目设置清晰明了，操作简单，且官方提供了详细的使用帮助。图 3-147 为问卷星常用帮助页面。

图 3-147　问卷星常用帮助页面

3.8.2 问卷星实例

本节借助实例还原问卷星的使用过程,帮助读者加深理解。

如图 3-148 所示,以大学生网购情况的问卷调查为例,介绍调查问卷的制作过程。

图 3-148　大学生网购情况实例

题型可按需选择,此处以多选题为例。在标题框中输入题目内容,在选项栏中输入选项内容,单击如图 3-149 所示的方框位置对选项进行设置,可将"其他"选项设置为"允许填空"。

图 3-149　多选题选项设置

问卷星还提供了多种选项设置,包括单选与多选题转换、题目选项选择数量上下限设置、题目跳转等。图 3-150 为部分选项设置页面。

如图 3-151 所示,可在问卷设置中将问卷设置成只能通过微信回答,记录微信用户昵称、性别、城市,每部手机只能答一次等,也可设置问卷作答时间。

第3章　科研素材的使用和成果撰写

图 3-150　部分选项设置

图 3-151　问卷设置

简单设置两道题目，如图 3-152 所示，问卷题目设置完成后，单击"预览"，预览页面的侧面有问卷外观选项，可进行问卷的封面设置。

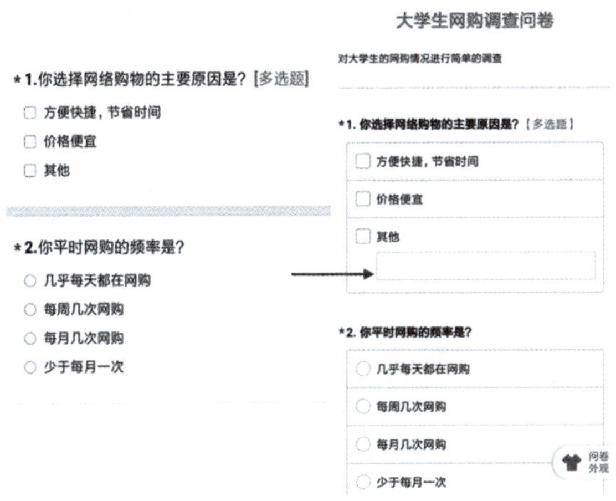

图 3-152　问卷题目预览页面

问卷制作完成后,问卷星提供了转发、生成海报和复制链接三种分享形式。图 3-153 为问卷星的问卷分享页面。

图 3-153　问卷分享页面

分发问卷后,在问卷星内单击该问卷并选择结果选项,即可查看此问卷的填写情况。除了基本的数据,问卷星还提供了饼图、圆环图、柱状图和条形图。图 3-154 为问卷结果查看页面。

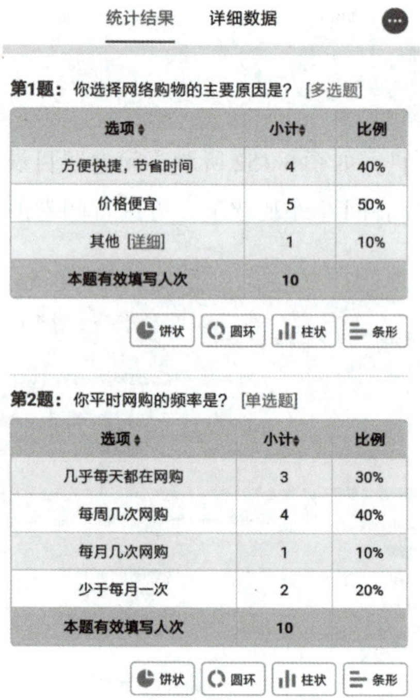

图 3-154　问卷结果查看页面

第4章

科研交流与分享

科研交流与分享的方式很多,其中学术会议是一种比较常见的交流分享方式。为了更清晰明了地分享学术成果,可以借助演示文稿等工具。演示文稿中的图表与动画能够更鲜明地凸显重点,突出核心思想,营造良好的交流氛围。运用技巧的演讲汇报可以使整个分享过程变得生动有趣,给观众更舒适的体验,更容易理解演讲者的观点。因此,学会制作精美的演示文稿,并掌握相关演讲汇报技巧,在科研成果交流与分享中发挥着十分重要的作用。

4.1 学术会议基本常识

参加学术会议也是一项重要且有效的科研活动。参加学术会议,可以在较短时间内倾听不少学术报告、了解相关领域的学术前沿及行业动态、捕捉研究的合作机会、拓展专业领域的人脉关系,有助于提高学术水平。此外,还可以在学术会议上展示自己的成果,与他人交流、分享,共同进步。学术交流、专业网络是学术研究与技术发展的"催化剂"。高效的参会能在许多方面大幅提升我们的学术研究水平,丰富我们的学术生涯。

4.1.1 学术会议种类

参加学术会议首先要了解学术会议的类别,以便选择最适合自己的类型。

（1）国际学术会议：国际学术会议是各个国家相关学术领域研究者聚集交流的学术交流形式。国际学术会议的主要与会者来自多个国家，这是识别国际学术会议的主要标志。图 4-1 为第十届国际信息光学与光子学学术会议（CIOP 2018）现场。

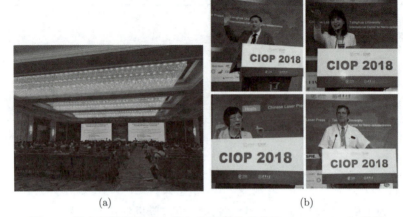

(a)   (b)

图 4-1　第十届国际信息光学与光子学学术会议（CIOP 2018）现场

（2）学术报告会：学术报告会是指以介绍科技发展和学术研究动态、发布学术研究成果等为主要内容的学术演讲会。这种会议往往以演讲者、报告人为中心，听讲者参与讨论的机会不多。图 4-2 为学术报告海报。

图 4-2　学术报告海报

（3）学术论坛：学术论坛是指学术团体或主办机构召集相关学术研究者就某一学术问题或论题，聚到一起反复深入地研讨或论证，充分发表学术言论，并有听众参与的学术会议形式。

（4）学术讲座（或学术讲授）和学术研修会：包括传授学术知识、获得学术知识两个环节。

（5）学术墙报：学术墙报也称学术展板，是开展学术交流的一种常见方式，与学术会议相结合，使学术会议成为一道独特的风景。

此外，还包括学术年会、学术沙龙、头脑风暴学术会、小组学术讨论会与专题讨论会、学术辩论、视频学术会议等。

4.1.2 会议注意事项

1. 会前准备

将准备工作做好，有助于后续工作的展开。以下为参加学术会议前的注意事项。

1）学术会议网站

通过学术会议网站可以提前了解会议信息，如各个重要的时间节点、论文模板及要求、投稿渠道等。图 4-3 为 ICCEM 2024 网站界面。

2）论文投稿

论文要在规定时间内，按规定格式完成撰写并投稿。等待投稿审批结果，再进行修改等。

3）演讲材料

演讲前要准备好演讲文本，以及 PPT 和 PDF。最好保存 PPTX 和 PPT 两个版本，这样可以满足会场中所有设备中的软件版本。此外，也要准备好名片。

4）会议差旅

如果会议在国外，要提前安排好签证、货币兑换、电话卡准备等工作。此外，无论是在国外还是在国内，都要做好订酒店、准备地图、研究路线等工作。还要完成会议费、住宿费等缴费工作。

图 4-3 ICCEM 2024 网站界面

5）研读程序册

每个学术会议都会有程序册，里面包括会议的日程安排等。通过对其提前研读找到重点，避免在会议过程中错过感兴趣的演讲。一场会议中比较重要的有 keynote speech（主题发言）、invited talk（受邀演讲）等；其次，可以听热门话题，针对目前热门话题参与一些讨论；再次是自己正在研究的工作，有哪些人在做，他们是怎么做的；如果还有时间，可以听其他领域的研究进展以拓展视野。根据这些安排自己听报告的时间。

2. 会中事项

1）汇报准备

在参加学术会议过程中，一定要注意汇报的时间，提前做好准备，并且可提前对演讲稿多加润色。

2）交流探讨

在参加学术会议期间，可以多与他人交流、探讨、学习。参会前做好时间安排，充分利用茶歇和用餐时间认识更多的同行，尤其是小领域中的领导者，扩大自己的领域社交圈，这样可以争取更多的交流和合作机会。在遇到志趣相投的人时，可以交换联系方式，以便日后更深入的交流、学习。

3）发票领取

会议过程中，要注意会议、住宿等发票的领取和保留，以便报销。

4）会议留痕

旅途中要注意小票等的保留，它是这趟旅途的证明，可能用于解决某些问题。此外，会议中要注意拍照、合照等，留下参加本次学术会议的证明。

5）增长见识

除了会议旅途的经历，也可以见见老朋友，认识新朋友，了解当地的人文自然。充分利用会议前后的时间了解当地的风土人情、文化历史。比如，走街串巷看看街景，参观博物馆、美术馆，品尝当地美食等。

3. 会后收尾

1）差旅报销

一般来说，所在学校或机构都会对参与学术会议的各种合理费用进行报销。

2）收录检索

要关注会议论文的 EI 收录证明，可以通过学校校园网图书馆中进入 EI 数据库，输入论文题目进行查询。若能够查询到，则说明论文已被 EI 收录检索。

3）自我思索

聆听会议时，除了学习新知识，应该更关注他人提出问题、解决问题的底层逻辑。会后根据自己的笔记和记忆进行反思，提取、甄别对自己目前或未来研究有启迪、推进作用的内容。

4.1.3 会议交流名片（名片制作）

在制作名片时，要注意名片的一些基本要素不可或缺，包括姓名、所在机构名称、个人职称、联系方式、微信号、图标等。此外，大部分学校的打印室及名片制作店都会有名片制作模板。图 4-4 为名片示例。

图 4-4　名片示例

4.1.4 英语自我介绍和开场

在会议过程中，有时避免不了用英文交谈、演讲。以下为一些英文交谈常用语。

1. 招呼用语

Mr. Chairman, Distinguished Colleagues, Ladies and Gentlemen.

Prof. A, Ladies and Gentlemen.

Good morning, everyone.

Good afternoon, everyone.

2. 自我介绍

My name is B, from C. The title of my presentation is D.

I am B, from C. The topic of my paper is (about) D.

3. 社交辞令（问题交流）

Thank you for your interest/question.

Pardon, can you repeat your question?

4. 勾画轮廓（显示提纲，目录）

I am going to give this talk in four parts./The outline of my talk is as follows.

First…, Second…, Third…, Finally….

5. 英语开场小结

Good morning, ladies and gentlemen. My name is B, from C. The title of my presentation is D. I am going to give this talk in four parts. First…, Second…, Third…, Finally….

4.2 PPT 制作

PPT 可将文字、图表及动画灵活结合，使表达的内容生动形象，不仅能够更鲜明地凸显重点，突出核心思想，而且能帮助观众理解演讲者讲解的内容，跟上演讲者的节奏。PPT 也可以营造良好的交流氛围，用生动直接的图表与动画代替枯燥的文字介绍，使整个分享过程变得生动有趣，给观众更舒适的体验，也让观众更容易理解演讲者的观点。因此，学会制作精美的演示文稿并在科研过程中运用十分重要。可以使用 Office 或 WPS 制作 PPT。首先，制作 PPT 需要逻辑清晰，这样才能做出思路完整、逻辑连贯的内容。其次，PPT 的制作不同于文档的制作，需要言简意赅，所以制作 PPT 需要较强的总结概括能力。因此，学会制作 PPT，不仅可以更加顺利地完成工作，更能无形中提高自己的思维逻辑能力和总结概括能力。

4.2.1 PPT 基本页面介绍

PPT 工作页面主要分为功能区、视图区和编译区，如图 4-5 所示。

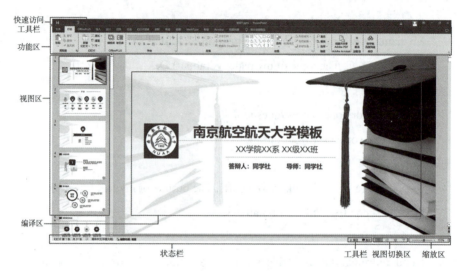

图 4-5　PPT 工作页面

4.2.2 PPT 制作基本方案

PPT 制作基本方案有两种：一种是默认模板制作法，即在网上搜索已设计好的 PPT 模板对其进行填充和修改；另一种是个性化模板制作法，即使用 PPT 的基本功能自己进行排版制作。

1. 默认模板制作法

（1）在界面中找到【设计】选项，选择一个自己喜欢的文本，单击选中将其作为标题页。图 4-6 为 PPT 自带模板。

图 4-6　PPT 自带模板

（2）可在【开始】→【版式】中选择自己需要的版式，不同的版式可以制作不同样式的幻灯片。图 4-7 为母版版式。

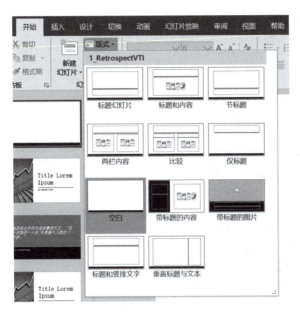

图 4-7　母版版式

2. 个性化模板制作法

调用公用模板，缺乏新意，推荐自行设计模板，或从其他途径物色一些专业的设计模板，以提高 PPT 的设计感。根据自己要表达的主题在网络上（如千图网、风云办公、图客巴巴、我图网、熊猫办公等）查找 PPT 模板，将文本内容调节到合适的字体、大小、颜色，再根据模板的版式进行 PPT 的制作。

4.2.3　PPT 制作基本操作

1. 字体设置

制作 PPT 有时需要修改字体格式，使其更加美观，方便观众观看。

（1）字号要求。

标题（黑体）：36 号以上，醒目，清楚。

正文（宋体）：14~20 号：适用于在计算机上播放，阅读型 PPT（文字较多）。

20~28 号：适用于投影，演讲型 PPT（文字较少）。

PPT 字号对比如图 4-8 所示。

注意：PPT 演示屏幕上的字号要求在相当于屏幕高度的 8 倍的距离看得见，建议使用 3 种梯度字体，即 40 号（主标题）、28 号（节标题）和 16 号（正文）。

图 4-8　PPT 字号对比

（2）字体要求。

标题字体：负责向观众传达 PPT 的核心与要点，要求醒目、美观，可用中易黑体、微软雅黑、正粗宋、长城特粗宋、正综艺体、华康俪金黑等字体。

正文字体：以易读性为第一要求，并兼顾美观，如宋体（中易宋体、方正新书宋）、黑体（微软雅黑、方正兰亭刊黑、中易黑体、冬青黑体）等。

2. 插入页码

一个完整 PPT 的页码是不可缺少的，页码便于观看与记录 PPT。

插入页码方法一：在 PPT 的菜单栏中找到【插入】，在【页眉和页脚】设置窗口中找到【幻灯片编号】，并单击选中它，然后单击【全部应用】，如图 4-9 所示。

插入页码方法二：在 PPT 的菜单栏中找到【插入】，然后选择【幻灯片编号】，其余操作与方法一相同，如图 4-10 所示。

图 4-9　插入页码方法一

图 4-10　插入页码方法二

完成之后 PPT 上会出现页码。图 4-11 为添加页码之后的 PPT，继续添加制作新的 PPT 时页码也会自动更新。

图 4-11　添加页码之后的 PPT

3. 打印日期

有时打印 PPT 时，需在 PPT 上显示或隐藏打印的日期。在 PPT 的菜单栏中找到【视图】，然后选择【讲义母版】（图 4-12），再编辑或删除右上角的日期，图 4-13 为删除右上日期。

图 4-12　讲义母版

180 电子信息类科研工具与技巧

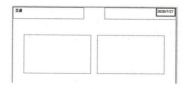

图 4-13 删除右上日期

4. 插入超链接

在 PPT 中加入网页等资料时,需要用到超链接。此外,超链接还可实现从当前页幻灯片直接跳转到其他页幻灯片。通过链接到其他页面的方式,既不会给 PPT 增加负担,又可以快速找到所需资料,十分方便。

方法一:

(1)在 PPT 中,选择相应的文字,单击【插入】,选择超链接。输入相应网址或选择所需链接的幻灯片页数,设置屏幕提示文字,单击【确定】。图 4-14 为设置超链接。

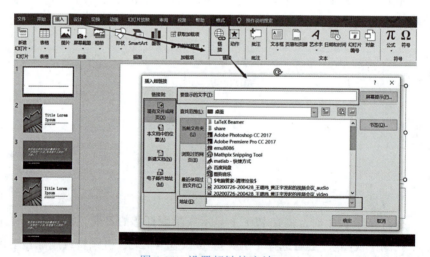

图 4-14 设置超链接方法一

(2)当播放幻灯片时,单击设置的超链接屏幕显示文字,就可以链接到所需的网站或幻灯片其他页。

方法二:

(1)在菜单栏找到【插入】→【形状】,在形状下拉菜单中找到动作按钮，选择一个动作按钮并拖动到 PPT 中指定位置。图 4-15 为设置超链接。

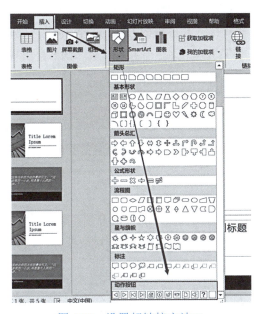

图 4-15　设置超链接方法二

（2）松开鼠标会弹出【动作设置】对话框，根据需要进行设置。

5. 插入视频或音频

适当地在 PPT 中添加视频和音频文件，可以丰富 PPT 的内容，使内容表达更加直观和生动。在 PPT 中，单击【插入】，选择视频或音频。图 4-16 为 PPT 插入视频或音频。

图 4-16　PPT 插入视频或音频

这种方法操作简单、方便，也不需要视频或音频的源文件，但有时会出现无法播放视频或音频的问题。常用的 MP4 格式的视频在 PowerPoint 2016 及以上版本中可以内嵌，但在其他版本可能无法直接内嵌。此外，如果想正常播放，播放设备需为 2016 及以上版本的，否则可能出现播放失败的问题。建议将视频格式改为 WMV 或者 SWF，因为这两个格式无论什么版本的 Office 都可以内嵌，也都可以正常播放。

此外，也可以采用插入超链接的方法。这种方式需要携带视频、音频源文件或跳转播放器。但只要有视频、音频源文件，就不会出现无法播放的情况。

4.2.4 PPT 制作技巧

除选择合适模板、掌握 PPT 制作基本操作外，了解 PPT 的制作技巧也十分重要。符合大部分会议要求的演讲文本主要包括首页、目录、正文及结尾四大部分。

1. 首页

首页主要是对演讲者、演讲主题等的介绍，帮助观众快速地对本次演讲有基本了解，既向观众介绍演讲者，也会对后期具体内容的演讲有所帮助。首页基本格式如图 4-17 所示。

图 4-17　首页基本格式

2. 目录

目录最直观地表明本次演讲的汇报思路，但也不宜过长，要用精炼、准确的语言清晰地表明汇报逻辑。

3. 正文

演讲汇报不同于论文撰写，勿用大段的文字堆砌。在 PPT 制作过程中，要删繁就简，记住"文不如字、字不如表、表不如图"。此外，在加特效、图片时，也要注意不可胡乱堆积，图表要可读性强，该标出的图例标清楚，善用动画效果创造更多的空间。此外，每张幻灯片上最好在相同的位置概述本页的要点或总结。

4. 结尾

结尾是对本次汇报的总结，尽量用精炼、准确的语言进行分点概况，最后要表达对各位观众倾听本次汇报的感谢。

4.3 演讲汇报技巧

常见的演讲文本主要包括 PPT（PowerPoint）、Beamer 及 PDF。PPT 可用 Office 或 WPS 制作；Beamer、PDF 可用 LaTeX 制作。此外，PPT、Beamer 均可转换为 PDF。PPT 和 Beamer 的演示容易出现问题，而 PDF 相对而言更稳定。

当演讲者或者汇报人员站在台上时，恰当地使用演讲文本可以极大地缓解演讲的压力，同时可以提高演讲质量。从观众的角度来看，如果只有演讲，那么观众只是单一地从听觉方面接收信息。而配合演讲文本，观众可以从听觉与视觉两方面接收信息，这样既可以减轻观众听觉方面的接收负担，又可以使观众对信息的接收更为全面。此外，演讲者的演讲为有逻辑的线型表达，而演讲文本上的内容为各种简短的点型表述，两者结合可以使观众获得多维感受，提高观众的感官体验。因此，演讲者和汇报人员要学会一些文本演示的技巧，以提高演讲和汇报质量。

4.3.1 快捷键

快捷键可以简化操作，娴熟地掌握常用的快捷键可以在用演讲文本进行交流展示的时候得心应手，从而增强表达的感染力。PPT 常用快捷键见表 4-1。此处只列举常用快捷键，详细内容参见附录。

表 4-1　PPT 常用快捷键

键　位	功　能
Ctrl+A	选择全部对象或幻灯片
Ctrl+B	添加/删除文本加粗
Ctrl+C	复制
Ctrl+V	粘贴
Ctrl+X	剪切
Ctrl+Z	撤销操作
Shift+F5	从当前幻灯片开始放映
F5	从第一张幻灯片开始放映

4.3.2　激光笔的使用

激光笔可以突出强调演讲者想强调的部分，而将其他部分变暗（图 4-18），观众可以重点关注演讲者强调的核心内容，使观众的思路紧跟演讲者的节奏；同时可以将选中的内容放大，将图片中的细节更清晰地展示给观众，让观众轻松看清演示文本中的细节；还可以像鼠标一样单击屏幕，演讲者可以在远处对计算机进行操作，从而使演讲节奏不被打断，演讲效果更好。

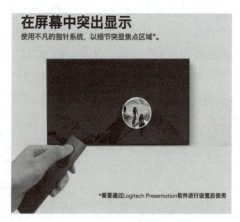

图 4-18　激光笔的应用效果

4.3.3 演示者模式

展示 PPT 时，需要配合 PPT 进行讲解。演示者模式可以有效避免演讲者忘词等情况。在此模式下，观众只能看到左边的 PPT 页面，而在计算机上可以看到带有右边提词器的页面，并且右上角有下一页 PPT 的预览，方便演示者掌握整个演讲节奏。图 4-19 为演示者模式下的 PPT。

图 4-19　演示者模式下的 PPT

（1）选择 PPT 中【幻灯片放映】→【使用演示者视图】。图 4-20 为设置演示者模式。

图 4-20　设置演示者模式

（2）播放幻灯片，右击选择【显示演示者视图】即可打开演示者视图。图 4-21 为打开演示者视图。

4.3.4 打印 PPT

演讲者演讲结束之后，观众可在征得对方同意后复制 PPT，方便之后的研究学习。

PPT 打印时，可选择幻灯片和讲义两种打印模式。幻灯片模式中一页只能打印一张幻灯片，在讲义模式中一页可选择打印多张幻灯片，在打印前注意预览。图 4-22 为讲义模式打印，讲义模式下每页都有多张 PPT。

图 4-21　打开演示者视图

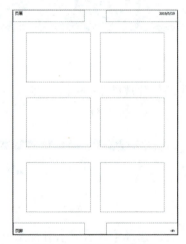

图 4-22　讲义模式打印

4.3.5　慕课视频录制

除了 PPT 展示手段之外，随着网络技术的发展，慕课小视频也成为很好的学术交流与分享方式。

1. 录屏软件

（1）Bandicam：可以进行屏幕录制和录音的操作。

（2）屏幕录制专家：可以进行屏幕录制和录音的操作。

（3）哔哩哔哩直播姬：可以对屏幕之外进行录制。

（4）QQ 快捷键：最新版 QQ 快捷键【Ctrl+Alt+S】可以进行屏幕录制和录音的操作。

2. Bandicam 的使用

Bandicam 可以进行录屏和截图操作，在官网即可下载。打开软件，图 4-23 为 Bandicam 操作界面。

图 4-23　Bandicam 操作界面

使用说明如下。

1 区：可对录屏方式（屏幕录制、游戏录制、设备录制）、录制范围、鼠标和摄像头进行设置。

2 区：可进行录屏的开始、暂停工作。

3 区：进行存储方式、录屏快捷键及截图快捷键等的设置选择。

4 区：对 3 区所选功能进行具体设置。

注意：未注册用户录屏时长会有限制。

4.3.6　二维码制作分享

可以通过制作、分享二维码进行资料的共享学习。二维码的制作分享有多种方式，下面介绍两种常用的方式。

1. 草料二维码

（1）进入草料二维码生成器。

（2）单击"文件"，上传需要做成二维码的文件。图4-24为生成文件码。

图4-24　生成文件码

（3）单击"生成活码"按钮，二维码制作成功，可以下载保存。

（4）单击"二维码美化"按钮，快速美化器二维码。图4-25为快速美化器界面。

图4-25　快速美化器界面

（5）选择喜欢的预设样式，以及图标与文字内容。

（6）细节调整，二维码美化完成。图4-26为细节调整界面。

图 4-26　细节调整界面

2. 百度网盘

（1）将准备分享的文件上传到百度网盘中，单击【上传】按钮，选择要存入网盘的文件，单击【存入百度网盘】按钮。图 4-27 为文件上传网盘操作界面。

图 4-27　文件上传网盘操作界面

（2）右击要分享的文件，选择【分享】，可设置分享形式和有效期，设置完成单击【创建链接】按钮，即可得到分享链接、提取码及分享二维码。

（3）百度网盘分享二维码用微信扫一扫即可打开，提取分享文件。此外，二维码中已含提取码，扫码后无须再次输入。

参 考 文 献

[1] Diekelmann S, Born J. The memory function of sleep[J]. Nature Reviews Neuroscience, 2010, 11(2): 114-126.

[2] Sulastri T. The Effect of The Mind Mapping Technique and Prior Knowledge in Guided Inquiry Learning Model on Critical Thinking Ability of Students[C]//1st International Conference on Advanced Multidisciplinary Research, 2019.

[3] Jones W. Personal information management[J]. Annual review of information science and technology, 2007, 41(1): 453-504.

[4] 刘卫国.轻松学 MATLAB 2021 从入门到实战:案例·视频·彩色版 [M].北京: 中国水利水电出版社, 2021.

[5] 袁玲.应用 MATLAB 函数绘制二次曲面图 [J].科技咨询导报, 2007(19):90-91.

[6] 刘焕进. MATLAB N 个实用技巧 [M].北京: 北京航空航天大学出版社, 2011.

[7] 张毅,曹继平.运用 Matlab 绘制复杂图形 [J].电脑编程技巧与维护, 2017(19):3.

[8] 孟春梅.浅谈 Word 的使用技巧——以"Word 2003"为例 [J].教育现代化, 2016, 3(31): 196-197.

[9] 马冬雪.方便、实用的 WORD 技巧 [J].河北教育: 教学版, 2006.

[10] 于晓鹰. Word 操作技巧与应用详解 [M].北京: 人民邮电出版社, 2000.

[11] 刘敏.新型公式编辑器 MathType 的使用技巧 [J].智能计算机与应用, 2006(4):22.

[12] 张燕,刘艳玲. MathType 在期刊排版中的使用技巧 [J].编辑学报, 2011, (S1): 100-101.

[13] 姜振宇,陆方.本科生科研能力调查与对策分析 [J].南京医科大学学报 (社会科学版), 2019(2):169-172.

[14] Brocke J V, Simons A, Niehaves B B, et al. Reconstructing the giant: on the importance of rigour in documenting the literature search process[C]. European Conference on Information Systems. Universita di Verona, 2009, 9: 2206-2217.

[15] Amin M, Mabe M. Impact factors: use and abuse[J]. International Journal of Environment Science and Technology, 2000, 1(1), 1-6.

[16] Moed H F. The impact-factors debate: the ISI's uses and limits[J]. Nature, 2002, 415(6873): 731-732.

[17] Seglen P O. Citations and journal impact factors: questionable indicators of research quality[J]. Allergy, 1997, 52(11): 1050-1056.

[18] 陈锐. 如何查找国外图书馆学情报学最新资料——国外图书馆学情报学主要述评年刊、近期文献题录通报和新闻快报 [J]. 图书馆论坛, 1992(5):4.

[19] 萨莉·拉姆奇. 如何查找文献 [M]. 北京: 北京大学出版社, 2007.

[20] Diekelmann S, Born J. The memory function of sleep[J]. Nature Reviews Neuroscience, 2010(11): 114-126.

[21] 尉理哲, 周莹. 基于思维导图的"电路原理与实验"教学方法探究 [J]. 浙江树人大学学报(自然科学版), 2017,17(4):61-64.

[22] Sulastri T. The Effect of The Mind Mapping Technique and Prior Knowledge in Guided Inquiry Learning Model on Critical Thinking Ability of Students[C]. 1st International Conference on Advanced Multidisciplinary Research, 2019.

[23] Jones W. Personal information management[J]. Annual review of information science and technology, 2007, 41(1): 453-504.

[24] 王常衡, 李嘉伟, 罗钦, 等. 浅析 Python 语言及其应用前景 [J]. 计算机产品与流通, 2019(4):146.

[25] 李星. 公式编辑器的使用技巧 [J]. 科技视界,2012(8):58-59, 40.

[26] 徐丽芳, 丰静, 徐汉斯. 编校软件应用实验教程 (图书情报与信息管理实验教材)[M]. 武汉: 武汉大学出版社, 2008.

[27] 王雪, 董博. 基于云计算平台实现 LaTeX 文稿在线采编 [J]. 软件导刊, 2016, 15(6): 5-7.

[28] 李文江. 论专利申请文件修改中的范围限制制度 [J]. 知识产权, 2018(10): 72-77.

[29] 常红. 基于网络论坛的学术交流模式的探讨 [J]. 现代情报, 2005 (6): 6-8.

[30] 陈传夫. 信息资源公共获取的社会价值与国际研究动向 [J]. 中国图书馆学报, 2006(4): 5-9.

[31] 谢健, 皮德常, 蔡祺祥. 浅谈高校学术交流活动管理 [J]. 文教资料, 2012, 10(35): 124-125.

[32] 钱建华,百里清风.地方高校的学术交流与人才培养[C]//中国科协第三届学术交流理论研讨会论文集. 2008: 102-106.

[33] 中国科学技术协会学会学术部.学术交流质量与科技研发创新——中国科协第三届学术交流理论研讨会论文集(上)[M].北京: 中国科学技术出版社, 2008.

附录 A

LaTeX 常用宏包简介

本节仅提供部分常用宏包的介绍，更多宏包类型读者可参阅相关专业书籍。

1. 页面与标题式样

页面与标题式样宏包如表 A-1 所示。

表 A-1　页面与标题式样宏包

宏　包	说　　明
geometry	设置特定的页面布局参数，设置页面的大小
layout	显示文档页面上各部分的设置，可用命令 layout 得到本文档页面设置的视图
layouts	可显示文档页面上各部分的设置（比 layout 功能更强大），包括文本在一页中的位置、图表等浮动对象的位置移动等
multicol	可在一页上使用单栏和多栏版式
fix2col	进一步完善标准的 LaTeX 双栏版式
fancyhdr	设置页眉和页脚，可配合 CCT、CJK 设置中文页眉
rplain	重新定义了 plain 页面式样，将页码设置在页面的左下角；在双面式样中，则分别设置在奇数页的左下角和偶数页的右下角
pageno	设置页码在页面上的放置位置
titling	提供了一些命令用来控制由 maketitle 命令生成的文档标题的式样

续表

宏包	说明
sectsty	提供了许多命令以设计章节标题的风格
fncychap	设计标题式样的宏包（主要针对章的标题）
anysize	设定页面的大小，调整正文区和边空的大小
crop	提供不同形式的截角标记，并提供选项使排版的内容居中，标记垂直和水平的中轴线等
ragged2e	提供了一些新的命令和环境以协助 LaTeX 断词，从而尽可能地使排版的输出比较整齐
scale	将整个文档放大 1.44（magstep2）倍

2. 浮动对象及标题设计

浮动对象及标题设计宏包如表 A-2 所示。

表 A-2　浮动对象及标题设计宏包

宏包	说明
floatflt	提供了 floatingfigure 和 floatingtable 两个环境，可将浮动图形或表格置于文字段落的旁边
float	定义浮动对象的式样而不必拘泥于 LaTeX 预定的设置
rotating	将文本、表格、图形旋转并提供了 sidewayfigure 和 sidewaystable 环境，使图形或表格横排；也可用 rotcaption 命令仅对图形或表格的标题加以横排
rotfloat	结合了 rotating 宏包和 float 宏包，可以定义新的被旋转 90° 或 270° 的浮动对象
endfloat	将所有的浮动对象置于文章的最后，分类排出
afterpage	提供命令 afterpage，使所有作为其参数给出的 LaTeX 命令在当前页结束后才被执行
placeins	提供命令 FloatBarrier，解决过多未处理的浮动图形问题
caption	提供多种命令，设计浮动图形和表格的标题式样
sidecap	得到标题在一侧的浮动图形或表格
fltpage	使过大的图形或表格和标题置于同一页
subfigure	将一组图形或表格置于一个 figure 或 table 环境中，每幅图形或表格保持独立且可设置独立的标题

3. 生成与插入图形

生成与插入图形宏包如表 A-3 所示。

表 A-3　生成与插入图形宏包

宏包	说明
LaTeX2e Graphics	宏包套件，用于 LaTeX 中插入图片，是 LaTeX2e 所带的标准宏包，提供了对 EPS、PS、PDF、TIFF、JPEG 等图形格式的支持，还通过 color 宏包提供了对色彩的支持
MetaPost	基于 MetaFont 的绘图语言，其指令可以融合在 TeX/LaTeX 文件中，编译过程中生成 PostScript 图形并插入文档中
XYpic	为绘制 graph 和 diagrams 提供强大的支持，可以得到各种曲线、箭头、多边形、直方图等
psfrag	允许用 LaTeX 的文本和公式替代 EPS 图形文件中的字符。在 CJK，CCT 等中文环境下，可以使用 psfrag 将图形中的标记字符替换为所需的中文文本
texdraw	提供许多命令绘制各种式样的线段、Bezier 曲线、圆、箭头等（需要 PostScript 的支持）
picins	定义 parpic 命令，允许将图形等对象放置在文本段落中
picinpar	定义一个基本的环境 window，还有两个变体 figwindow 和 tabwindow。允许在文本段落中打开一个"窗口"，在其中放入图形、文字和表格等
trees	画出任意大小的树形图
amscd	画出方形的交换图

4. 表格与列表

表格与列表宏包如表 A-4 所示。

表 A-4　表格与列表宏包

宏包	说明
array	提供 array 和 tabular 两个制表环境，可更好地排版表格
supertabular	自动计算表格的高度，把超出页面的表格部分置于下一页
tabularx	提供了新的表格环境 tabular* 和 tabularx，可以设定表格的宽度

续表

宏包	说明
colortbl	设置表格中行、列等前景和背景色，从而得到彩色表格
dcolumn	使表格中的小数点对齐
slashbox	可在表格的单元格中画斜线
booktabs	可在表格中使用不同粗细的横线划分行
paralist	提供新的列表环境，可将 itemize 和 enumerate 列表排放在一个段落中
multienum	支持将 enumerate 环境中的列表项以多列排出。同时，提供了命令以设置每行中列表项的个数

5. 目录与索引

目录与索引宏包如表 A-5 所示。

表 A-5 目录与索引宏包

宏包	说明
tocloft	提供了设置目录式样的方法
titletoc	设置目录排版形式
multitoc	允许文档中只将目录（包括图形和表格目录）用两栏或多栏排版
minitoc	将每一章的目录放置在该章的任意位置（一般在开始或结尾部分）
tocbibind	将参考文献或索引等放置到目录中
shorttoc	在正式目录前生成简略目录，方便读者了解文档内容
tocvsec2	控制目录中每一章编号的级别或放弃给其编号
makeindex	不仅有一个 LaTeX 宏包，还有一个专门的同名应用程序帮助生成 LaTeX 文档的索引
tocbibind	可以将参考文献或索引等放置到目录中

6. 公式

公式相关宏包如表 A-6 所示。

表 A-6　公式相关宏包

宏　　包	说　　明
theorem	通过定义不同的 theorem 环境，自定义定理、定义、引理等的式样
subeqn	提供了 subequations 和 subeqnarray 环境，可以对数学公式中的子式进行编号
mathenv	提供了几个很有用的数学命令和环境，可以得到比相应的标准的 LaTeX 命令或环境更好的排版效果
subeqnarray	定义了 subeqnarray 和 subeqnarray* 环境，可对一组公式中的每行进行编号
eqnarray	定义了 equationarray 环境，可将 LaTeX 标准的 eqnarray 环境和 array 环境相结合
yhmath	提供了一系列很大的分界符，如 ( )，< >，[ ] 等
vector	提供了一组新的数学命令，排版各种式样的向量
nicefrac	用于在正文文本中排版分式
Bold math symbols	定义了 bm 命令得到加粗斜体字体
ntheorem	扩展了 LaTeX theorem 环境的功能，并解决了设置 theorem 环境的结束标记问题
easybmat	排版块状矩阵。可以设置相同宽度的列，或等高的行，或两者同时设定，还可以在行或列之间加上各种直线
harpoon	提供了一些命令，在文本上方或下方加上带有半个箭头的线段标记

7. 其他

其他类宏包如表 A-7 所示。

表 A-7　其他类宏包

宏　　包	说　　明
footnote	可在 parbox、minipage 和 table 环境中标记的脚注能够被正确地放置在整个页面的下方脚注区中
abstract	控制摘要部分的排版，尤其是在双栏文章中提供单栏的摘要排版
schedule	用于排版时间表
acronym	处理文档中的首字母缩略词，并在文档的最后生成一个列表
listings	排版 C、C++、Pascal 等源代码，提供语法加亮显示功能

附录 B

PPT 常用快捷键

PPT 常用快捷键如表 B-1 所示。

表 B-1 PPT 常用快捷键

键位	功能	键位	功能
Ctrl+A	选择全部对象或幻灯片	Ctrl+H	打开"替换"对话框
Ctrl+B	添加/删除文本加粗	Ctrl+I	添加/删除文本倾斜
Ctrl+C	复制	Ctrl+J	段落两端对齐
Ctrl+D	生成对象或幻灯片副本	Ctrl+K	插入超链接
Ctrl+F	打开"查找"对话框	Ctrl+M 或【Enter】	插入新幻灯片
Ctrl+G	打开"网格参考线"对话框	Ctrl+T	打开"文字"对话
Ctrl+S	保存当前文件	Ctrl+U	添加/删除文本下画线
Ctrl+X	剪切	Ctrl+Y	重复最后操作
Ctrl+F4	关闭程序	Ctrl+F5	还原当前演示窗口大小
Ctrl+F9	最小化当前演示文件窗口	Ctrl+F10	最大化当前演示文件窗口
Ctrl+Shift+V	粘贴对象格式	Ctrl+Shift+F	更改字体
Ctrl+Shift+G	组合对象	Ctrl+Shift+H	解除组合
Ctrl+N	生成新 PPT 文件	Ctrl+O	打开 PPT 文件

续表

键 位	功 能	键 位	功 能
Ctrl+P	打开"打印"对话框	Ctrl+Q	关闭程序
Ctrl+R	段落右对齐	Ctrl+V	粘贴
Ctrl+W	关闭当前文件	Ctrl+Z	撤销操作
Ctrl+F6	移动到下一个窗口灯	Ctrl+Shift+C	复制对象格式
Ctrl+Shift+P	更改字号	Ctrl+]	段落两端对齐
F12	执行"另存为"命令		

附录 C

Visio基本操作

1. 管理绘图文档

1）创建绘图文档

启动 Visio，执行【文件】→【新建】命令，在【特别推荐】列表、【类别】列表中或根据搜索结果创建空白绘图文档或各种类型的模板绘图文档。其中，选择【类别】→【根据现有内容新建…】选项，单击【创建】按钮，在弹出的【在现有绘图的基础上新建】对话框中，选择 Visio 文件，单击【新建】按钮，从而根据本地计算机中的现有绘图文档创建自定义模板绘图文档。

2）管理绘图文档

（1）绘图页分类：绘图页包括前景页和背景页两种类型，默认情况下 Visio 自动选择前景页，并且 Visio 中大部分操作都在前景页中进行。前景页主要用于编辑和显示绘图内容，包含流程图形状、组织结构图等绘图模具和模板，是创建绘图内容的主要页面。当背景页与一个或多个前景页关联时，才可以打印出背景页。背景页相当于 Word 中的页眉与页脚，主要用于设置绘图页背景和边框样式，如显示页编号、日期、图例等常用信息。

（2）创建前景页：执行【插入】→【页面】→【新建页】→【空白页】命令，或在状态栏中单击【全部】标签后的【插入页】按钮，或右击【页-1】标签，执行【插入】命令，均可插入一个前景页。

（3）创建背景页：执行【插入】→【页面】→【新建页】→【背景页】命令，在弹出的【页面设置】对话框的【页属性】选项卡中，选中【背景】选项，设置背景名称与度量单位，即可创建背景页。

（4）指派背景页：选择需要指派背景页的前景页标签，右击执行【页面设置】命令，在【页属性】选项卡中选中【前景】选项。在【背景】下拉列表中选择相应的选项，单击【应用】按钮即可。

（5）切换绘图页：直接单击下方页标签栏中相应的页标签，或单击【页标签】栏中的【全部】按钮，在展开的列表中选择页标签选项，均可切换绘图页。

（6）重命名绘图页：双击页标签栏中需要重命名的页标签，或选择需要重命名的绘图页，右击页标签，执行【重命名】命令或【页面设置】命令，在【页面属性】选项卡中，更改页名称。

（7）排序页：选择需要排序的页标签，右击执行【重新排序页】命令，在【重新排序页】对话框中，选中需要排序页的名称，单击【上移】或【下移】按钮，或执行【开发工具】→【显示/隐藏】→【绘图资源管理器】命令（开发工具状态栏可通过自定义功能区自行添加），右击【前景页】图标，执行【重新排序页】命令，在弹出的【重新排序页】对话框中进行相应操作，亦可直接拖动需要移动的页标签到新位置。

3）美化绘图页

（1）设置绘图页背景：执行【设计】→【背景】→【背景】命令，在列表中选中一种背景选项，为绘图页添加背景效果。执行【设计】→【背景】→【无背景】命令，即可取消背景效果。为绘图页添加背景效果之后，可执行【设计】→【背景】→【背景】→【背景色】命令，在其列表中选择已有色块，或执行【其他颜色】命令，在弹出的【颜色】对话框的【标准】与【自定义】选项卡中，自定义背景色。

（2）设置边框和标题：执行【设计】→【背景】→【边框和标题】命令，可在列表中选择边框和标题样式，选择【无边框和标题】命令，即可取消已设置的效果。边框和标题一般添加在背景页中，因此，编辑边框和标题时，首先需要选择背景页标签，切换到背景中。选择包含标题名称的文本框形状，可直接输入标题文本，执行【开始】→【形状样式】→【填充】命令，选择一种填充颜色，即可更改边框形状的显示颜色。

4）设置文档页面

（1）设置纸张方向：执行【设计】→【页面设置】→【纸张方向】→【横向/纵向】命令，或单击【页面设置】选项组中的【对话框启动器】按钮，在【打印设置】选项卡中的【打印机纸张】中选择【横向/纵向】，设置纸张方向。

（2）设置页面大小：执行【设计】→【页面设置】→【大小】命令，在列表中选择相应选项，或执行【设计】→【页面设置】→【大小】→【其他页面大小】命令，在弹出的【页面设置】对话框中，选择【自定义大小】选项，输入大小值，即可自定义页面大小。

（3）设置缩放比例和布局：在【页面设置】对话框中，选择【绘图缩放比例】选项卡，在选项卡中选择相应的绘图比例，即可设置实际测量尺度与绘图页长度的比例。在对话框中选择【布局与排列】选项卡，可设置形状与连接符在绘图中的排列方式。

5）设置文档属性

执行【文件】→【信息】→【属性】→【高级属性】命令，可在弹出的【属性】对话框中，设置绘图文档的元数据。执行【文件】→【信息】→【相关文档】→【添加相关文档的链接】，在弹出的【超链接】对话框中，输入需要关联文档的相关信息，即可将该文档与绘图文档关联。执行【文件】→【信息】→【检查关系图】→【删除个人信息】命令，在弹出的【删除隐藏信息】对话框中，可删除相应的个人信息。

6）保存和保护文档

执行【文件】→【选项】命令，在弹出的【Visio 选项】对话框中，选择【保存】选项卡，勾选【保存自动恢复信息时间间隔】选项，并设置间隔时间，从而启动自动保存功能。执行【开发工具】→【绘图资源管理器】命令，右击需要保护的文档名称，执行【保护文档】命令，在弹出的【保护文档】对话框中，选择需要保护的选项，单击【确定】按钮即可。此外，选择文档中的形状，执行【开发工具】→【形状设计】→【保护】命令，在弹出的【保护】对话框中，选择需要保护的内容，单击【确定】按钮，即可保护绘图中的形状。

2. 应用 Visio 形状

Visio 中所有图表元素都称作形状，包括插入的图片、公式及绘制的线条与文本框。

1）形状分类

在 Visio 中，形状表示对象和概念。根据形状的不同行为方式，可将形状分为一维与二维两种类型。一维形状可粘附在两个形状之间，具有连接作用。二维形状具有两个维度，没有起点和终点。根据形状的填充效果，二维形状可以是封闭的或开放的。

2）形状手柄

形状手柄是形状周围的控制点，当形状处于被选中状态时，会显示形状手柄，如图 C-1 所示。

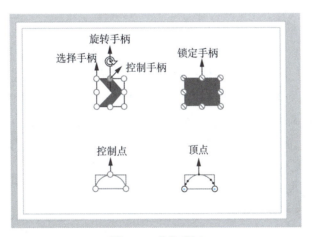

图 C-1　形状手柄

（1）选择手柄：选择手柄是 Visio 中最基本的手柄。选中形状时，形状周围将显示 8 个"白色圆圈"，这些圆圈即为"选择手柄"。选择手柄主要有两个作用，即标识形状被选中的状态，以及调整形状的尺寸。将光标置于选择手柄上，按住左键进行拖曳操作，即可更改形状的尺寸。

（2）旋转手柄：每个形状有且只有一个旋转手柄。选择形状时，形状顶端出现的"圆形箭头"符号即为旋转手柄。

（3）控制手柄：控制手柄仅存在于允许用户调节外形的形状中，主要用于调整形状的角度和方向。当用户选择形状时，形状上出现的"黄色圆圈"即为控制手柄。

（4）锁定手柄：锁定手柄表示所选形状处于锁定状态，用户无法对其执行调整大小或旋转等操作。选择形状时，形状周围出现的"带斜线的圆圈"即为锁定手柄。

（5）控制点和顶点：控制点是存在于一些特殊曲线中的手柄，作用是控制曲线的斜率。执行【开始】→【工具】→【铅笔】命令，使用【铅笔】工具绘制线条、弧线形状时，形状上出现的"白色圆圈"即为控制点。用户拖动形状中间的控制点，可改变曲线的弯曲度或弧度的对称性，拖动形状两头的控制点，可扩展形状。用户可通过添加或删除顶点改变形状。选择【铅笔】工具，按住【Ctrl】键，单击形状边框，可为形状添加新的顶点，拖动顶点可改变形状。

3）获取形状

用户可选择和调用模板文档中提供的相应的模具，自行绘制各种几何形状，并用形状组成图形。具体操作为执行【开始】→【工具】，选择其中的【矩形】、【椭圆】、【线条】、【任意多边形】、【弧形】、【铅笔】等工具。使用【矩形】、【椭圆】与【线条】绘制形状时，按住【Shift】键即可绘制正方形、圆形与直线。此外，使用【铅笔】工具时，以直线或弧线拖动鼠标，可分别绘制直线和弧线。

4）编辑形状

（1）选择形状：执行【开始】→【编辑】→【选择】命令，选择【选择区域】、【按类型选择】、【套索选择】、【全选】等方法。此外，使用【指针工具】命令，按住【Shift】或【Ctrl】键并逐个单击形状，可选择多个形状。

（2）移动形状：可通过设置"参考线"同步移动多个形状。首先执行【视图】→【视觉帮助】→【对话框启动器】命令，勾选【对齐】与【粘附到】选项组中的【参考线】选项；然后，使用鼠标拖动垂直标尺边缘处到绘图页中，创建一条水平或垂直参考线。将所需形状拖动到参考线上，当参考线上出现绿色方框时，表示形状与参考线相连。此时，移动参考线可同步移动多个形状。选择参考线，按【Delete】键即可删除。

也可根据X轴与Y轴精确移动形状。执行【视图】→【显示】→【任务窗格】→【大小和位置】命令，在【大小和位置】窗口中修改【X】和【Y】文本框中的数值即可。

（3）旋转与翻转形状：首先选择形状，调用【大小和位置】窗口，在【旋转中心点位置】下拉列表中进行相应选择，执行【开始】→【排列】→【位置】→【旋转形状】命令，在级联菜单中进行相应选择。用户也可直接使用旋转手柄进行操作。

（4）组合与叠放形状：选择需要组合的多个形状，执行【开始】→【排列】→【组合】→【组合】命令，或直接右击操作。

多个形状叠放在一起，需要调整形状层次时，选择需要调整的形状，执行【开始】→【排列】→【置于顶层】、【置于底层】、【上移一层】、【下移一层】命令。

5）排列形状

（1）对齐形状：选择需要对齐的多个形状，执行【开始】→【排列】→【排列】命令，在级联菜单中选择相应选项即可。

（2）分布形状：选择所需形状，执行【开始】→【排列】→【位置】命令，在级联菜单中选择相应的命令。其中，执行【其他分布选项】命令，在弹出的【分布形状】对话框中，【垂直分布】下4个按钮左起依次为：垂直分布形状（将相邻两个形状的底部与顶端的间距保持一致）、靠上垂直分布形状（将相邻两个形状的顶端与顶端的间距保持一致）、垂直居中分布形状（将相邻两个形状的水平中心线之间的距离保持一致）、靠下垂直分布形状（将相邻两个形状的底部与底部的间距保持一致）；【水平分布】下4个按钮依次为：水平分布形状、靠左水平分布形状、水平居中分布形状、靠右水平分布形状；启用【创建参考线并将形状粘附到参考线】选项后，与前面的操作类似。

（3）设置形状布局：执行【设计】→【版式】→【重新布局页面】命令，在级联菜单中进行选择，可以按照流程图、层次结构、压缩树、径向和圆形等样式，重新定位绘图页中的形状，以设置图表的整体布局，重新布局形状。执行【设计】→【页面设置】→【对话框启动器】→【布局与排列】

→【间距】命令，在弹出的【布局与排列间距】对话框中，可以设置布局与排列的间距值。执行【开发工具】→【形状设计】→【行为】→【放置】命令，在选项卡中可设置布置行为选项。

6）连接形状

（1）自动连接：执行【视图】→【视觉帮助】→【自动连接】命令，可启用自动连接功能。将指针放在绘图页已有形状上，形状四周会出现"自动连接"箭头，箭头周围显示包含【快速形状】区域中前4个形状的浮动工具栏，单击形状即可添加并自动连接所选形状，且每个形状添加后都会间距一致并均匀对齐。

（2）手动连接：可在【形状】窗口中，执行【更多形状】→【其他Visio方案】→【连接符】命令，手动添加连接符；或执行【开始】→【工具】→【连接线】命令，手动添加连接线。使用连接线时，执行【设计】→【版式】→【连接线】命令；或右击连接线，在快捷菜单中选择连接线类型。

7）美化形状

可选择形状，执行【开始】→【形状样式】命令，在菜单中进行设置主题、填充效果、线条效果、艺术效果等操作。

8）形状的高级操作

（1）形状的布尔操作：执行【开发工具】→【形状设计】→【操作】命令，在级联菜单中进行选择，可进行布尔操作。执行【联合】命令，可进行联合操作，即将几个图形联合为一个整体，颜色统一为某个形状的颜色。执行【组合】命令，可进行组合操作，即将几个图形联合为一个整体后，自动隐藏图形的重叠部分。执行【拆分】命令，可进行拆分操作，即根据相交线或重叠线将多个形状拆分为较小的部分。执行【相交】命令，可进行相交操作，即只保留几个图形相交的部分。执行【剪除】命令，可进行剪除操作，即剪除多个图形重叠的区域，且只保留先添加的形状未重叠的部分。执行【连接】命令，可进行连接操作，即将单独的多条线段组合为一个连续的路径，或者将多个形状转换为连续的线条。执行【修剪】命令，可进行修剪操作，即按形状的重叠部分或多余部分进行拆分，然后选择需要删除的线段或形状，进行删除。执行【偏移】命令，可进行偏移操作。

（2）设置形状阵列：执行【视图】→【宏】→【加载项】→【其他 Visio 方案】→【排列形状】命令，在弹出的【排列形状】对话框中，设置各选项即可。

（3）使用图层：首先建立图层，执行【开始】→【编辑】→【图层】→【图层属性】命令，在弹出的【图层属性】对话框中，单击【新建】按钮，再在弹出的【新建图层】对话框中输入图层名称，建立新图层。可在【图层属性】对话框中设置图层属性。选择需要分配的形状，执行【开始】→【编辑】→【图层】→【分配到图层】命令，在弹出的【图层】对话框中进行选择，可将选定形状分配给所选图层。

3. 应用图表

1）创建图表

执行【插入】→【插图】→【图表】命令，可插入包含图表与图表数据的两个工作表。用户也可在 Excel 中创建图表并保存，复制该文件后，在 Visio 中粘贴即可。

2）编辑图表

双击图表，系统会在 Visio 中打开【图表工具】页面，执行编辑图表的命令均在【图表工具】页面进行。

（1）调整图表位置：执行【设计】→【位置】→【移动图表】命令，在弹出的【移动图表】对话框中操作即可。

（2）调整图表类型：选中图表后，执行【设计】→【类型】→【更改图表类型】命令。

（3）编辑图表数据：执行【设计】→【数据】→【选择数据】，即可在弹出的【选择数据源】对话框中，执行添加或删除数据区域、切换行/列、编辑现有数据等操作。也可直接在工作表中编辑图表数据。

（4）设置图表区格式：选择图表，执行【格式】→【当前所选内容】→【设置所选内容格式】命令，可在弹出的【设置图表区格式】对话框中进行设置。

（5）设置坐标轴格式：双击坐标轴，可在弹出的【设置坐标轴格式】对话框中进行相应的设置。

（6）设置图表布局：选择图表，执行【设计】→【图表布局】→【快速布局】命令，可在列表中选择相应的布局；执行【设计】→【图表布局】→

【添加图表元素】命令，可在下拉列表中添加所需元素，自定义图表布局。

4. 应用图片

1）插入图片

执行【插入】→【插图】→【图片】命令，可在弹出的【插入图片】对话框中选择本地图片插入。执行【插入】→【插图】→【联机图片】命令，可在弹出的【在线图片】对话框中选择图片并插入。

2）编辑图片

（1）调整大小和位置：选择图片，可通过形状手柄调整图片大小、角度和方向；执行【格式】→【排列】→【剪裁工具】命令，可剪裁图片；执行【格式】→【排列】→【置于顶层】、【置于底层】命令，可调整图片的显示层次。

（2）调整图片效果：选择图片，执行【格式】→【调整】命令，或单击【对话框启动器】按钮，在菜单中设置图片效果。

（3）设置线条格式：选择图片，执行【格式】→【图片样式】→【线条】命令，可在下拉列表或弹出的【设置形状格式】窗格中设置线条颜色、样式。

3）应用部件和文本对象

（1）应用标注：执行【插入】→【图部件】→【标注】命令，可在菜单中选择一种标注样式插入，将标注上的黄色连接点连接到形状上，即可使标注与形状关联；此外，选中形状执行此命令时，标注与形状自动关联。双击标注即可编辑文本。选中标注，可执行【开始】→【形状样式】命令，在菜单中设置标注的样式、填充样式、线条和效果等。

（2）使用容器：容器是一种特殊的形状，可将绘图文档中的局部内容与周围内容分隔开。执行【插入】→【图部件】→【容器】命令，即可在菜单中选择一种插入，且可再次插入容器以创建嵌套容器。选中容器，执行【格式】命令，即可在菜单中调整容器大小、设置容器边距、设置容器样式、编辑容器内容。

（3）使用批注：选择需要添加批注的形状，执行【审阅】→【批注】→【新建批注】命令，即可新建批注。添加后，系统自动在形状右上角显示批注标记，单击即可在弹出窗格中输入答复内容，执行【审阅】→【批注】→【注释窗格】→【显示标记】命令，可隐藏批注标记。执行【审阅】→【批

注】→【注释窗格】→【注释窗格】命令，即可在打开的【注释】窗格中查看所有批注、筛选所需批注或删除批注。

（4）应用超链接：插入超链接即将本地、网络或其他绘图页中的内容链接到当前绘图页中。执行【插入】→【链接】→【链接】命令，可在弹出的【超链接】对话框中设置各选项。可在【地址】栏中输入要链接网站的URL或本地网站的路径，或单击右侧的【浏览】按钮选择文件。单击【子地址】栏右侧的【浏览】按钮，可在弹出的【超链接】对话框中指定需要链接的绘图页、形状及缩放比例。将其他文件链接到绘图即在 Visio 中打开其他文档，执行【插入】→【文本】→【对象】命令，选中【根据文件创建】选项并设置其他选项即可。

4）应用样式和主题

（1）应用与自定义样式。

应用样式：首先添加样式功能，执行【文件】→【选项】→【自定义功能区】命令，在右侧的【主选项卡】菜单中，选择【开发工具】并执行【新建组】命令，然后进行【重命名】操作，选择符号并输入名称【样式】，再单击【确定】按钮。在左侧【从下拉位置选择命令】下拉列表中选择【所有命令】，再从下方列表中选择【样式】选项，单击【添加】按钮即可完成。执行【开发工具】→【样式】→【样式】命令，可在弹出的【样式】对话框中设置文字样式、线条样式与填充样式。

定义样式：执行【开发工具】→【绘图资源管理器】命令，在【绘图资源管理器】窗口中右击【样式】选项，执行【定义样式】命令，即可在【定义样式】对话框中重新设置线条、文本与填充样式。

（2）自定义图案样式。

打开【绘图资源管理器】窗口，右击【填充图案】→【线型】→【线条端点】选项，执行【新建图案】命令，在弹出的【新建图案】对话框中设置相应的选项。再右击新建图案，执行【编辑图案形状】命令，在弹出的空白文档中绘制形状，完成绘制后关闭窗口，在弹出的对话框中单击【是】按钮。应用图案时，选中并右击绘图页中的该形状，执行【设置形状格式】命令，在弹出的【设置形状格式】窗口中，对于填充图案，需要展开【填充】

选项组，勾选【图案填充】选项，在【模式】下拉菜单中选择新建图案样式；对于线条图案，展开【线条】选项组，在【短划线类型】下拉菜单中选择新建图案即可；对于线条端点图案，展开【线条】选项组，在【开始箭头类型】和【结尾箭头类型】下拉列表中选择新建图案即可。

（3）应用与自定义主题。

执行【设计】→【主题】命令，即可在菜单中选择一种主题应用。此外，在【变体】下拉列表中，可对【颜色】、【效果】、【连接线】、【装饰】进行自定义。

附录 D

MathType常用快捷键

MathType常用快捷键如表D-1所示。

表D-1　MathType常用快捷键

键　位	功　能
Ctrl+F	分式
Ctrl+/	斜杠分式
Ctrl+R	根式
Ctrl+H	上标
Ctrl+L	下标
Ctrl+J	上下标
Ctrl+9	圆括号
Ctrl+0	圆括号
Ctrl+[	方括号
Ctrl+]	方括号
Ctrl+Shift+[	花括号
Ctrl+Shift+]	花括号
Ctrl+M，再按数字n	n阶矩阵
Ctrl+Alt+'	一阶导数
Ctrl+I	定积分

续表

键　位	功　能
Ctrl+K+D	求偏导
Ctrl+G+ 字母	小写希腊字母
Ctrl+G+Shift+ 字母	大写希腊字母
Ctrl+K，再按 >	大于或等于号
Ctrl+K，再按 <	小于或等于号
Ctrl+T，再按 S	求和符号
Ctrl+T，再按 P	连乘符号

附录 E 网站访问链接

网站访问链接下载